부자의
시간은

어떻게
돈이 되는가

부자의
시간은
어떻게
돈이 되는가

How does rich man's time
make money

부자들이 말해주지 않는
66가지 돈의 진실

박성현 지음

돈에 미치는 시간만큼 돈에서 자유로워진다

"시간이 돈보다 귀하다."

수많은 부자가 각종 매체에서 이렇게 말합니다. 과연 이 말은 사실일까요? 하루 24시간은 누구에게나 똑같이 주어지니까 부자의 시간도, 부자가 아닌 나의 시간도 똑같이 값질까요?

저의 답은 "아니요"입니다. 부자의 시간은 돈보다 귀한 게 맞습니다. 그들은 이미 돈을 많이 가지고 있으니, 상대적으로 희소한 시간이 더 소중할 수밖에 없습니다. 무엇보다 돈에 대해 잘 아는 부자의 자산은 시간이 지날수록 커지기 마련이므로 더욱 돈에 미련을 가질 필요가 없습니다.

하지만 부자가 아닌 사람이라면 시간보다 돈이 귀합니다. 시간보다 돈을 상대적으로 더 적게 가지고 있기 때문입니다. 하지만 이들은 시간 대비 가성비가 떨어진다며 돈을 모으고 버는 경험의 가치를 낮게 생각합니다. 지금의 가성비 떨어지는 경험들이 훗날 시간을 버는 밑거름이 되는지도 모르고 말입니다.

이제는 제 인생 스토리를 많은 분이 알고 계시겠지만, 혹시 모르는 분도 있을 테니 간략하게 이야기해 보려고 합니다. 저는 부모님께 물려받은 게 빚뿐인 이른바 '흙수저' 출신입니다. 1999년에 처음 사회생활을 시작했을 때 출퇴근을 위해 자리 잡은 곳은 만화방의 보일러실을 개조한, 1평도 안 되는 월세방이었습니다. 결혼을 했을 즈음에도 상황은 비슷했습니다. 보증금 500만 원에 월세 25만 원짜리 옥탑방이 신혼집이었으니까요.

이렇게 가진 것 하나 없이 시작한 저는 18년간 '월급 노예'로 살았습니다. 대기업에 들어갔고, 매일 밤낮 없이 치열하게 일했습니다. 동시에 자산을 불려보고자 투자도 시작했습니다. 하지만 결과는 좋지 않았습니다. 경험도, 지식도 없이 무작정 시도한 투자가 잘될 리 없었습니다.

그때는 '금수저'를 물고 태어난 이들도, 이처럼 격차를 만들어내고 방조하는 사회도 전부 증오의 대상이었습니다. 그리고 빨리 흐르지 않는 시간이 야속했습니다. 시간이 흐르면 자연스럽게 연봉이 오르고 투자수익도 늘어나 안정적인 삶을 살게 되지 않을까 기대했던 것입니다.

한강 뷰 아파트에서 알람도 없이 일어나 자유로운 하루를 시작하는 2025년의 저는 그때의 생각이 틀렸음을 알고 있습니다. 시간이 흐르면 자연스럽게 되리라 생각했던 것이 전혀 자연스럽게 주어지지 않았던 것입니다. 저는 회사가 시간이 지나도 나를 책임져 주리라는 생각은 환상이며, 투자를 하지 않으면 영원히 노동을 해야 한다는 사실을 깨달은 순간부터 그야말로 '돈에 미친 시간'을 보냈습니다.

거의 모든 재테크 서적을 독파했고, 각기 다른 주장들 사이에서 절대 잃지 않는 투자법을 찾으려고 노력했습니다. 가진 게 많지 않은 만큼 더는 잃을 수 없었던 것입니다. 이 과정은 그야말로 돈이 되지 않는 시간이었지만 돈을 잃지 않는 법을 배운 시간이기도 했습니다. 그리고 마침내 분할 매수, 분할 매도 투자법을 완성해 낼 수 있었습니다. 이 방법은 지금의 자산 100억 원의 마중물이 되어주었습니다.

시간을 '어떻게' 보내느냐에 따라 인생은 달라집니다. 단도직입적으로 말해, 부자가 아무런 일을 하지 않음에도 갈수록 더 부자가 되는 것은 일찍이 돈에 미쳐 보냈던 시간 덕분입니다.

공부에 미치면 좋은 대학을 나오고 좋은 직장에 입사해서 높은 연봉을 받을 수 있습니다. 축구에 미치면 손흥민 선수처럼 세계적인 선수가 될 수 있습니다. 이렇듯 무언가에 미친 듯 빠져서 노력하면 실력도 늘고 원하는 만큼의 돈도 얻을 수 있습니다.

그런데 유독 '돈에 미쳤다'라는 말을 하면 인색하다거나 탐욕스럽다는 등 부정적인 판단을 하는 경향이 있습니다. 돈에 미쳐서 남을 속이고, 가까운 사람을 배신하고, 범죄를 저지르는 일이 많이 일어나다 보니 그런 것 같습니다.

하지만 이 세상에는 돈에 미쳐야 가능한 좋은 일이 차고 넘칩니다. 저는 미친 듯이 아끼고, 미친 듯이 모으고, 미친 듯이 노력한 끝에 경제적 자유를 찾을 수 있었습니다.

대충 아끼고, 대충 모으고, 대충 노력해서 이루어낸 것이 아닙니다. 대충 공부를 해서는 서울대에 갈 수 없고, 대충 공을 차서는 프리미어리그에서 뛸 수 없다는 사실을 당연하게 생각하면서도 경제적 자유를 찾아서 부자가 되는 일은 대충 해도 되리라고 착각하는 사람이 많습니다. 하지만 기회가 있을 때마다 그리고 시간이 허락될 때마다 돈에 관한 책도 읽고, 강의도 듣고, 돈 버는 방법을 공부해야 합니다. 이 또한 열심히 최선을 다해 '미친 듯' 해야 합니다.

이 책을 다 읽고 나면 저를 이렇게 생각하는 사람도 있을 것입니다.

'이 사람은 일도 사람도 세상도 모두 돈으로밖에 안 보이나? 정말 돈에 미친 놈이구나!'

맞습니다. 저는 한때 돈에 미쳤습니다. 그러나 아이러니하게도 돈을 최우선으로 생각하며 살았던 그 시간 덕에 이제는 돈에 별 관심을 두지 않아도 잘 살 수 있게 되었습니다. 돈 때문에 일을 해야 하고, 돈 때문에 사람들과 멀어지고, 돈 때문에 고통받는 삶이 아닌 돈 덕분에 일하지 않아도 되고, 돈 덕분에 좋은 사람들과 만날 수 있고, 돈 덕분에 행복한 삶을 누릴 수 있게 된 것입니다. 그리고 이제 저의 모든 시간은 돈이 되어 이 삶을 오래 유지할 수 있도록 해줍니다.

저는 40대 초반에 삶의 자유를 얻었습니다. 돈에 미쳤던 30대가 아니었다면, 어쩌면 48세가 된 지금도 야근에 시달리고 있을지 모릅니다. 그러니 이 책을 읽는 당신도 가장 젊은 지금, 가장 이른 이때에 돈에 대해 제대로 알아야 합니다. 이 글을 시작하며 돈에 대해 잘 아는 부자의 자산은 시간이 흐를수록 커지기 마련이며, 이것이 부자들이 젊을 때 부자가 되는 이유라고 이야기했습니다. 이 개념을 뼈에 새기고 앞으로의 시간을 잘 활용한다면 당신 또한 머지않은 미래에 부자로 살 수 있을 것입니다.

이 책은 제가 어떤 생각과 철학으로 돈에 미쳐서 살았는지, 그로 인해 어떻게 경제적 자유를 찾을 수 있었는지에 대해 다룬 책입니다.

1장에서는 왜 부자는 일찍 부자가 되는지 알아봅니다. 부자들은 행복한 삶을 살아가는 데 돈이 어떠한 역할을 하는지 일찍 깨닫고, 시쳇말로 '돈이 붙는 사람'이 되기 위해 최선을 다합니다. 1장에서는 그 최선에 대한 제 생각을 가감 없이 풀어냈습니다.

2장에서는 왜 부자가 일에 시간을 쏟는지 이야기합니다. 자본소득을 바라며 노동을 경시하는 사람이 많지만, 사실 노동과 이에 따른 근로소득은 부의 원천입니다. 또한 대부분의 사람들이 생존을 위해 필수불가결하게 일과 직업 그리고 회사라는 조직을 경험하고 거치기 마련입니다. 그래서 어떠한 태도와 자세로 임해야 경제적 자유를 조금이라도 더 앞당길 수 있는지 이야기해 보고자 합니다.

3장에서는 경제적 자유를 찾는 데 가장 중요한 요소 중 하나라 할 수 있는 '투자'를 다룹니다. 성공적인 투자를 위해 어떤 마음가짐을 가져야 하는지, 투자를 시작하기 전 미리 세워야 하는 계획과 전략에는 무엇이 있을지 등을 짚어 보며 부자는 어떻게 시간을 돈으로 바꾸는지 이야기합니다. 또한 투자를 진행하는 과정에서 겪는 다양한 어려움을 극복하는 방법을 제 경험으로 설명했습니다.

마지막 4장에서는 부자는 유한한 시간을 어디에, 어떻게 쓰는지 이야기합니다. 특히 인생의 큰 부분을 차지하는 인간관계를 어떻게 맺어야 하는지 살펴보며 돈이 단순한 물질

적 풍요를 가져다주는 도구가 아니라 사람과 사람을 연결하는 매우 중요한 매개체인 이유를 설명해 보고자 합니다.

그리고 인생을 도약시키는 힘은 결국 선을 넘는 데 있음을 이야기합니다. 다시 말해 돈과 돈에 관련된 일들에 대한 고정관념을 깨 경제적 자유를 조금이라도 더 앞당겨 찾을 수 있었던 저의 경험과 깨달음을 담았습니다.

이 책의 거의 모든 글에 빠지지 않고 등장하는 단어는 바로 '돈'입니다. 일일이 세어보니 총 520회나 등장합니다. 그야말로 '돈에 미친 책'입니다.

부디 이 책을 통해 나를 고통스럽게 옥죄는 '듣기만 해도 지겨운 돈'이 아닌, 나에게 행복과 자유로운 삶을 가져다주는 '반갑고 고마운 돈'으로, 돈을 바라보는 시선이 변화되었으면 하는 바람입니다.

돈에 '미쳐야' 경제적 자유에 '미칠 수' 있습니다.

2025년 3월

박성현

차례

프롤로그 **돈에 미치는 시간만큼 돈에서 자유로워진다**　　　5

1장
부자는 왜 일찍 부자가 되는가: 마인드

벤츠 타고 한강 뷰 아파트에 살면 행복한 삶일까　　　21

행복도 수치화할 수 있다　　　25

시간이 돈보다 더 중요하다고 믿는다면　　　30

돈은 있어도 걱정이라는 생각　　　34

결국 돈이 문제다　　　38

은퇴 후에 일하지 않으면 심심하다는 거짓말　　　41

아빠 같은 사람이 되고 싶어요　　　45

돈과 효율의 사이에서　　　48

빌 게이츠도 길에 떨어진 돈은 지나치지 못한다　　　52

세상에 비생산적인 경험은 없다　　　55

지금 참지 못하면 미래에는 더 많이 참아야 한다　　　60

돈 버는 모든 일을 해보고 깨달은 것　　　68

'부모 잘 만난 것들'이라는 말의 함정　　　73

2장
부자는 왜 일에 시간을 쏟는가: 일

몸이 마음을 따라가지 못하는 때가 온다   81

일보다 돈을 더 좋아해야 하는 이유   85

조용한 사직과 조용한 해고   90

받는 만큼 일하지 말고 일하는 만큼 받을 것   93

수익이 보장되는 미라클 모닝   98

불로소득은 존재하지 않는다   101

멍청한 지시도 따르라, 단 영리하게   105

돈을 벌게 해주는 모두가 나의 손님이다   108

김 부장의 아부가 눈꼴시게 느껴질 때   111

꼰대와 자본주의의 상관관계   116

당신은 절대 그 회사의 주인이 될 수 없다   120

값지고 구하기 어려운 부품이 될 것   124

3장
부자는 어떻게 시간을 돈으로 바꾸는가: 투자

회사는 언제든 당신을 버릴 준비가 되어 있다　　131

경제적 자유에 적합한 노동은 무엇인가　　134

한 번에 달성할 수 있는 목표는 없다　　138

해도 되는 투자, 하면 안 되는 투자　　141

수익률보다는 생존율　　144

확률적으로 불리해도 무조건 승리하는 '따고 배짱'의 기술　　147

나누어 사고 나누어 팔아야 하는 가장 중요한 이유　　152

얼마까지 잃을 수 있는가　　157

투자의 그릇　　161

많이 심는다고 많이 얻는 것은 아니다　　167

얼마를 투자해야 하느냐고 묻는다면　　173

투자금이 부족해서가 아니다　　177

투자의 룰을 곧이곧대로 따르지 마라　　181

확증 편향, 믿고 싶은 것만 본다　　184

앵커링 효과, 그 가격이 아니면 안 된다는 생각　　190

사후 확신 편향, 입만 산 고수들을 조심할 것　　197

처분 효과, 꽃을 뽑고 잡초를 심는 사람들　　201

손실 회피 편향, 비자발적 장기 투자의 늪   205

매몰비용, 본전 생각에 발목 잡히기   210

문전 걸치기, 수익에 익숙해진다는 것   215

소유 효과, 종목과 일체가 되지 마라   219

행동 편향, '뭐라도 해야 하지 않나'라는 생각   223

존버가 필요할 때는 언제인가   226

단 한 번이라도 영혼을 끌어 모은 적 있는가   230

잃는 것이 무섭다면 무섭지 않은 만큼 잃어라   234

예금 이자보다 못한 수익을 마주할 때   237

자산은 시나브로 늘어난다   241

우리 인생이 흑자로 돌아설 때는 언제인가   246

4장

부자는 어디에 시간을 쓰는가: 인생

마음껏 시기하고 질투한 뒤 따라 하라   253

세상은 불공평해서 감사한 것   257

'가족을 위해서'라는 착각   261

오랜 친구를 잃는 건 자연스러운 일이다   266

부자와 친목을 쌓는 유일한 방법   270

결혼도 돈으로 얻어야만 하는 '좋은 것' 중 하나다   276

돈을 빌려달라는 친구의 급한 연락에 대하여   282

아는 만큼 보이지만 보이지 않는 곳도 존재한다   286

때로는 편법을 쓸 필요도 있다   292

월세로 건물주가 되는 법   297

규칙을 조금만 다르게 해석한다면   303

탈선이 아니라 탄선   309

불가능한 일은 생각보다 많지 않다   313

에필로그   **결국 끈질긴 사람만이 살아남는다**   316

부자는 왜
일찍 부자가 되는가

벤츠 타고 한강 뷰 아파트에 살면 행복한 삶일까

"좋은 차를 타고 좋은 집에 살면 행복할까요?"

이 질문에 답하기 어렵다면, 질문을 조금 바꿔볼 수 있습니다. 그러면 누구나 어렵지 않게 답을 찾을 수 있습니다.

"나쁜 차를 타고 나쁜 집에 살면 행복할까요?"

첫 번째 질문의 상황을 경험해 본 적이 없다면 대답하기 어렵겠지만, 두 번째 질문의 상황은 대부분 비슷하게나마 경험한 적이 있을 테니 답하기가 그리 어렵지 않을 것입니다.

행복은 돈이 많고 적음에 있지 않습니다. 돈이 많지만 행복하지 않은 사람도 있고, 돈이 없지만 자신의 삶에 만족하

는 사람도 있습니다. 하지만 돈이 많고 적음에 따라 행복할
가능성은 확률적으로 크게 달라집니다.

저는 돈을 많이 갖게 된 전후의 소비 패턴이 크게 달라지
지 않은, 조금은 특이한 사람 중 하나입니다. 아끼는 것이
익숙한 삶을 살아왔고, 그것이 제가 이룬 부의 근간이었던
터라 사치하는 일이 불편하고 불안합니다. 비싼 것을 사게
되면 뭔가 손해를 보는 듯한 느낌에 불쾌하기까지 합니다.
하지만 이러한 '아끼는 행위'를 하면서 느끼는 감정은 돈
이 있을 때와 없을 때의 차이가 큽니다. 가진 것이 없던 시
절에는 '아껴야 살 수 있다'라는 절박함이 있었지만, 가진
것이 많아진 지금은 '나는 처음부터 부를 이룰 수 있는 사
람이었던 게 아닐까?' 하는 우월감이 더 크게 느껴집니다.
돈이 많으면 사고 싶은 것을 마음껏 사고, 하고 싶은 일
을 마음껏 하면서 얻는 행복감도 있을 것입니다. 하지만 이
처럼 다른 느낌, 다른 질감의 특별한 행복도 느낄 수 있습
니다.
부모님이 병원에 입원해야 할 때 치료비가 아닌 부모님
의 건강만을 걱정할 수 있는, 그러니까 '도리를 다할 수 있

는 것'도 일종의 행복일 것입니다. 지인이 좋은 차를 뽑았을 때도 질투에 사로잡히지 않고 "정신 차려. 그러다 한 방에 훅 간다"라며 넉살 좋게 농담을 건넬 수 있는 여유도 행복을 줍니다.

질투, 자격지심, 후회, 원망 같은 부정적인 감정과는 멀어지고 평화, 안정, 편리, 성취감 같은 긍정적인 개념과는 가까워지는 것이 행복한 일이라는 사실을 부정할 사람이 있을까요?

돈이 많다고 해서 행복한 것은 아닙니다. 하지만 돈이 많지 않으면 행복하기 힘든 것도 사실입니다.

공부를 잘한다고 해서 돈을 잘 벌 수 있는 것은 아니지만, 공부를 잘하지 못하면 소위 돈 잘 버는 직업을 갖게 될 확률이 낮아집니다. 이처럼 행복과 돈의 관계는 어떤 특별한 케이스보다는 '가능성'과 '확률'로 보는 것이 더 합리적이라고 할 수 있겠습니다.

행복은 많이 쓰는 데 있지 않습니다. 많이 쓰지 않아도 충분히 행복할 수 있습니다.

하지만 못 쓰는 것과 안 쓰는 것 사이에는 커다란 간극이 존재합니다. '많이 써야 더 행복한가? 조금 쓰더라도 행복할 수 있는가?'라는 질문이 아니라 '쓸지, 쓰지 않을지를 자유롭게 선택할 수 있는가?'라는 질문이 더 중요하다는 이야기입니다.

> 그래서 결론은…
> **좋은 차 타고, 좋은 집에 살면 행복해질 가능성도 커집니다.**

행복도
수치화할 수 있다

지금부터 주어지는 정보를 보며 A가 더 행복할지, B가 더 행복할지 유추해 보세요.

A는 IQ가 110이고, B는 150입니다.

이 정도 정보로는 누가 더 행복할지 알기 어렵습니다. 머리가 좋으면 생각도 많아지고, 그만큼 고민도 많지 않을까 싶기도 하니까요.

A는 키가 170센티미터이고, B는 190센티미터입니다.

이 또한 누가 더 행복할지 유추할 수 있는 정보는 아닙니다. 사람마다 키에 대한 선호도는 다르고, 만약 여성이라면 큰 키가 불행하게 느껴질 수도 있을 테니까요.

A는 최종 학력이 고등학교 졸업이고, B는 대학교를 졸업했습니다. 그래도 여전히 누가 더 행복할지는 알기 어렵습니다. 하지만 여기에 한 가지 정보가 더해지면 높은 확률로 "A가 더 행복할 것 같습니다"라는 답이 나올 것입니다.

A는 100억 원의 돈이, B는 100억 원의 빚이 있습니다. 부정하기 힘든, 사람들 대부분이 인정할 수밖에 없는 행복의 척도는 '돈의 많고 적음'이라는 이야기를 하려는 것입니다. 아이큐가 낮아도, 키가 작아도, 고등학교 졸업이 최종 학력이어도 돈이 많다면 머리 좋고 키 큰 엘리트 출신의 돈이 적은 사람보다 더 행복해 보일 뿐만 아니라 실제로 행복할 가능성 또한 클 것입니다.

물론 예외도 있습니다. 돈이 아닌 다른 부분에서 행복을 느끼는 사람들도 분명히 존재하기 때문입니다. 하지만 돈이 행복의 척도임을 많은 사람이 증명해 왔으며, 저 또한 돈이 없었을 때와 돈이 많아진 지금을 비교하면 '하늘과 땅 차이'라는 표현이 부족할 정도로 큰 차이를 느낍니다.

돈이 행복의 척도임을 인정하는 것은 돈을 벌기 위한, 그리고 행복한 삶을 살아가기 위한 강력한 동기부여 행위이자 시작이라 할 수 있습니다.

높은 점수가 학업성취의 척도임을 부정한다면 좋은 성적을 얻을 수 없을 뿐만 아니라 원하는 대학에 갈 수도 없습니다. KPI 달성이 근무 능력의 척도임을 부정한다면 실력을 인정받기 어려울 뿐만 아니라 승진 심사에서도 밀릴 수밖에 없습니다.

이처럼 행복해지는 데도 대학교 진학이나 승진처럼 명확한 목표가 필요합니다. 행복이라는 개념은 추상적이기에 목표 또한 추상적일 수밖에 없습니다. 이때 행복의 척도를 돈의 크기로 구체화하면 행복의 목표 또한 구체화할 수 있습니다.

제 행복의 목표는 '경제적 자유'였습니다. 회사에 출근하지 않고도 먹고사는 일이 해결될 수 있다면 그 자체만으로도 행복하리라는 생각을 했던 것입니다. 경제적 자유가 곧 내가 원하는 행복이었기 때문에 이 목표에 정진하기로 했습니다.

하지만 경제적 자유 역시 행복과 다를 바 없이 추상적인 목표였습니다. 그래서 그 목표를 수치화해 보기로 했습니다. 이것이 바로 제가 '자본소득으로만 얻는 월수입 300만 원'을 목표로 했던 이유입니다. 달러 투자를 통해 이 목표를 처음으로 달성했을 때 저는 경제적 자유를 찾았다고 생각했습니다. 그리고 행복했습니다.

이것은 '돈이 많아야 행복하다'라는 식의 이야기가 아닙니다. 행복을 돈으로 수치화하면 목표를 좀 더 명확하게 설정할 수 있다는 이야기입니다.

우리가 하는 거의 모든 행위의 목적은 행복 추구입니다. '질 높은 포만감'이라는 행복을 얻기 위해서는 맛있는 음식을 먹어야 하고, 이 행복은 '1만 2000원' '2만 7000원'처럼 돈으로 수치화하는 것이 가능합니다.

'사랑하는 이와 시간을 보낼 수 있는 공간'이라는 행복을 얻기 위한 수치는 '여기어때'나 '야놀자' 같은 앱에 호텔이나 모텔의 인테리어 사진과 함께 숫자로 표기되어 있습니다. 그 숫자가 클수록 더 안락하고 만족스러운 시간을 보낼 수 있다는 것은 자명한 사실입니다.

우리는 돈 그 자체를 위해 돈을 버는 것이 아닙니다. 좋은 의료서비스로 부모님의 건강을 지켜드리는 것, 아이들에게는 해외여행으로 경험과 즐거움을 선물하는 것과 같은 행복은 저마다의 가격이 매겨져 있습니다. 따라서 행복을 돈으로 수치화하는 행위가 부끄럽거나 속물적인 일이 아니라는 생각을 할 수 있어야 합니다.

돈 이야기를 하고 돈에 관심을 가지는 것은 곧 행복에 관한 이야기를 하고 행복에 관심을 가지는 일이라고도 할 수 있을 것입니다.

그러니 경제적 자유를 찾는 길에 혹시라도 누군가에게 "너 돈에 환장했니?"라는 말을 듣게 된다면 이제부터는 이렇게 바꿔 듣기 바랍니다.

"너는 행복해지기 위해 정말로 많은 노력을 기울이고 있구나?"

그래서 결론은…
돈을 위한 노력과 행동은 곧 행복을 위한 노력과 행동입니다.

시간이 돈보다
더 중요하다고 믿는다면

경제적 자유를 찾기 전의 저는 돈과 시간 중 돈을 더 높은 가치로 여겼습니다. 하루의 시간가치를 고작해야 일급 몇만 원 정도로 거래하던 직장인의 신분으로는 어쩌면 당연한 선택이었을 것입니다. 내 시간을 더 높은 가치로 팔기 위해, 즉 연봉을 올리기 위해 노력하는 것이 할 수 있는 유일한 노력이었습니다.

하지만 경제적 자유를 찾고 나니 돈의 가치보다는 시간의 가치가 더 클 때가 많아졌습니다. 개인적인 돈과 시간에 대한 철학이나 신념에 기인한 것이라고는 할 수 없습니다. 그럴 수밖에 없는 상황에 따른 당연한 결과입니다.

하루 종일 굶어서 허기진 이와 호텔 뷔페에서 과식을 한 이에게는 똑같은 빵 한 조각일지라도 그 가치가 다른 것처럼, 돈이 많은 이와 그렇지 않은 이가 느끼는 돈과 시간의 가치는 다를 수밖에 없습니다.

모두가 쉬는 일요일에 비행기를 타고 사과 한 박스를 서울에서 제주도로 배달한 뒤 돌아오며 하루라는 '시간'을 꼬박 소요하는 대가로 20만 원의 '돈'을 얻게 되는 일이 있다고 가정해 보겠습니다.

하루 10만 원 정도의 수입을 얻는 사람이라면 20만 원의 수입에 하루라는 시간을 기꺼이 내어줄 수 있을 것입니다. 평소라면 이틀을 일해야 얻을 수 있는 돈이었으니 오히려 하루라는 시간을 벌었다고 생각할 수도 있습니다.

하지만 하루 100만 원 정도의 수입을 얻는 사람은 '고작 20만 원으로 내 소중한 하루를?'이라고 생각할 것이 분명합니다. '똑같은 시간일지라도 그 가치는 돈이 많고 적음에 따라 달라질 수 있다'라는 주장의 충분한 근거가 되는 것입니다.

'가난한 자의 시간보다 부자의 시간이 더 가치 있을 것'이라는 생각의 함정이 바로 이 과정에서 생깁니다. 한번 지나가면 다시는 오지 않을 소중한 시간을 일하는 데만 쓸 수 없다는 생각은 잘못되었다는 이야기입니다.

시간의 가치는 상대적입니다. 시간을 돈으로 환산한다면 가난한 자의 시간이 부자의 시간보다 오히려 더 귀할 수 있습니다. 하지만 돈으로 환산하지 않은, 예를 들어 휴식이나 여행에 쓰는 시간 그 자체로서의 가치는 가난한 자의 시간이나 부자의 시간이나 별반 다르지 않을 것입니다.

'어차피 얼마 벌지 못할 시간이니 차라리 노는 게 나아'라고 생각한다면 돈이라는 가치로 바꿀 수 있는 시간을 낭비하게 될지도 모릅니다. 그런데 많은 사람이 '부자는 돈보다 시간을 더 중요하게 생각한다'라는 말만 듣고는 부자가 아닌 자신도 그래야 한다는 착각에 빠지곤 합니다.

부자가 이미 많이 가지고 있는 돈보다는 유한하고 부족하기까지 한 시간에 더 가치를 두는 것은 아주 합리적인 선택입니다. 마찬가지로 가난한 자가 아무것도 하지 않으면 허공으로 날아가 버릴 시간을 돈으로 바꾸는 것 또한 매우 영리한 선택입니다.

　가진 돈이 100만 원뿐인 이에게 20만 원을 버는 24시간은 총 자산의 20퍼센트나 되는 돈으로 바꿀 수 있는 아주 귀하고 소중한 자원입니다. 하지만 100억 자산가에게 20만 원을 버는 24시간은 돈으로 환산하면 오히려 손해일 수 있기에 여행을 하거나 책을 읽거나 가족과 함께 휴식을 취하는 것이 더 나을 것입니다.

　정말로 돈보다 시간이 더 중요하다고 생각한다면, 시간보다 돈이 더 중요하지 않은 상황을 최대한 빨리 앞당겨 만들어내야 합니다. 놀거나 쉬는 시간의 가치와 돈을 만들어내는 시간의 가치는 다를 수밖에 없습니다.

　돈과 시간 중 무엇이 더 중요하냐는 우문에 제가 할 수 있는 최대한의 현답은 이것입니다.

　"돈은 이미 많이 가지고 있어서…."

> 그래서 결론은…
> **돈보다 시간이 더 중요하다는 말은**
> **돈이 시간보다 더 많은 사람들에게만 해당됩니다.**

돈은 있어도
걱정이라는 생각

머리가 아픕니다. 이런 통증은 처음입니다. 겁이 덜컥 납니다. '이제야 돈 걱정 없이 좀 살 만해졌더니…. 무슨 병이라도 생긴 거 아닌가?'

유튜브로 비슷한 증상을 찾아보니 잘못된 자세로 잠을 자다가 목에 문제가 생기면 그럴 수 있다고 합니다.

'잠을 너무 많이 자서 그런가?' 영상에서 알려주는 대로 목 스트레칭을 해보았습니다. 신기하게도 언제 그랬냐는 듯 멀쩡해집니다.

예전에는 이런 걱정을 했습니다.

'오래 살면 그만큼 먹고살 돈이 있어야 할 텐데….'

하지만 지금은 이런 걱정을 합니다.

'오래 살아야 내 돈을 조금이라도 더 쓰고 죽을 텐데….'

한편 '돈이 없으면 없는 대로, 또 돈이 있으면 있는 대로 걱정거리는 항상 있다는 말이 이런 의미였나?' 하는 생각도 듭니다. 하지만 불과 몇 년 전까지만 하더라도 돈이 없어서 걱정하던 사람으로서 돈이 있어서 하는 걱정을 리뷰해 보자면, 후자의 걱정은 전자의 걱정에 비하면 정말 아무것도 아닙니다. 이런 걸 전문용어로 '행복한 고민'이라고도 합니다.

돈이 있어도 걱정거리는 똑같다는 말을 믿지 마세요. 돈 있는 사람들이 돈 없는 사람들을 안심시키기 위해 만들어낸 새빨간 거짓말입니다.

세상에는 3억 원짜리 아파트를 소유하고 3억 원 정도의 금융자산을 통해 월 300만 원의 현금흐름을 만들어 경제적 자유를 얻는 사람이 있고, 10억 원짜리 집에 살면서 1000만 원의 사업소득이 있음에도 버는 것보다 쓰는 게 더 많아 노동을 지속해야 하는 사람도 있습니다.

그래서 경제적 자유를 위한 목표는 숫자뿐만 아니라 개

인의 라이프스타일까지도 고려되어야 합니다. 여기서 라이프스타일은 '행복한 삶'과 밀접한 관계가 있습니다.

100억 자산을 가지고 있으면서도 1000억 원을 갖고 싶은 열망이 강하다면 경제적 자유보다는 부자가 목표라는 사실을 스스로 인정해야 합니다. 이와는 달리 월 300만 원의 소득으로도 행복한 삶을 살 수 있다면 경제적 자유를 좀 더 빠르게 앞당길 수 있을 것입니다.

인간은 다른 사람과의 비교를 통해 욕심을 키워나가고는 합니다. 모두 팔이 두 개인 세상에서는 누구나 자신의 팔 개수에 대해 불만을 갖지 않지만, 모두 팔이 세 개인 세상에서 팔이 두 개뿐인 사람은 스스로를 불행하다고 생각합니다.

돈이 많으면 많을수록 좋다는 건 명백한 사실입니다. 그래서 비교를 통해 행복을 찾고자 한다면 세상에서 가장 많은 돈을 갖게 될 때까지 불행할 수밖에 없습니다. 하지만 행복한 삶은 어느 정도의 기준만 충족하면 되기에 목표에도 끝이 존재합니다.

경제적 자유, 그러니까 부자의 삶이 아닌 행복한 삶을 원한다면 돈을 많이 가지는 방법뿐만 아니라 돈이 적어도 행복해지는 방법을 찾는 것이 중요합니다.

더 좋은 것을 먹고 입고 타기 위해서는 더 많이 벌어야 하고, 또 그러기 위해서는 행복한 삶을 조금 뒤로 미루어야 합니다. 하지만 덜 좋은 것을 먹고 입고 타게 되면 조금 덜 벌더라도 행복한 삶을 앞당길 수 있습니다.

한 달에 1000만 원을 버는 사람에게 이렇게 물었습니다. "하루에 세 시간만 추가로 일하면 지금 소득의 두 배인 2000만 원을 벌 수 있습니다. 하시겠습니까?" 1초의 고민도 없이 돌아온 대답은 다음과 같았습니다. "아니요!"

'많이 있어야 행복할 거야'라는 생각에 앞서 '얼마나 있으면 행복할까?'를 고민해 봐야 한다는 이야기입니다. '1만 원이 있으면 행복할까?'라는 고민과 '1만 원으로 행복하려면 어떻게 하면 될까?'라는 고민은 비슷한 듯 보이지만 다릅니다.

그래서 결론은…
돈은 있어야 하지만,
얼마나 있어야 하는지 스스로 아는 게 중요합니다.

결국
돈이 문제다

배가 고픈 형제에게 빵 하나를 주면서 사이좋게 나누어 먹으라고 합니다. 형제는 과연 내가 바라는 것처럼 '사이좋게' 나누어 먹을 수 있을까요?

인간의 욕심은 이성을 마비시켜 '나누는 행위'를 제대로 할 수 없게 합니다. 게다가 빵이라는 물체는 자로 잰 듯 정확하게 반으로 가르기도 어렵습니다.

이렇게 하면 어떨까요? 형에게는 빵을 반으로 자르게 하고, 동생에게는 두 조각으로 나누어진 빵 중 하나를 먼저 선택할 수 있도록 하는 것입니다. 형은 동생이 당연히 큰 조각을 선택하리라고 믿기 때문에 가능한 한 똑같이 나누려고 할 것입니다. 또한 동생은 큰 조각을 선택할 수 있는 권한이 있기 때문에 빵을 정확히 반으로 나누지 않더라도 불만이 없을 것입니다.

이렇듯 문제의 원인을 '욕심'에 두느냐 '양보'에 두느냐에 따라서 해결의 방향 또한 달라집니다. 형에게는 동생에게 양보하기를 요구하고, 또 동생에게는 형에게 양보하기를 요구하는 일반적인 방법으로 문제를 해결하려 했다면 문제의 원인이라 할 수 있는 욕심을 충족시킬 수 없을 것이기에 불만 역시 해결되지 못했을 것입니다.

우리가 살아가면서 겪는 다양한 문제의 원인을 거슬러 올라가다 보면 결국은 '돈 문제'일 때가 많습니다. 빵 하나를 두 형제에게 어떻게 나누어 주느냐에 대한 문제도 빵이 두 개였다면 간단하게 해결되었을 것입니다.

물론 돈 문제를 쉽게 해결하기는 힘듭니다. 하지만 해결하기 힘들다고 해서 자꾸 회피하다 보면 해결은커녕 문제가 점점 더 커질 수밖에 없습니다.

'돈이 문제가 아니야'라는 생각보다는 '돈이 문제일 거야'라는 생각으로 접근하는 것이 더 합리적으로 문제를 인식하는 방법이며, 해결 또한 빠르고 쉬울 것입니다. 돈 문제는 돈만 있으면 해결할 수 있습니다. 하지만 돈 문제를 돈 문제가 아니라고 애써 부정하며 다른 방법으로 해결하려고 하면 어렵고 복잡한 길을 가게 됩니다.

돈이 많으면 돈이 문제인 일은 적어도 더 이상 인생의 방해물이 되지 않습니다. 이 말에 동의한다면 이제 해야 할 일은 단순해집니다. 문제 해결의 '키'라 할 수 있는 돈을 '어떻게 만들어내고 지켜낼 것인가'가 바로 그것입니다.

> 그래서 결론은…
> **"돈이 문제가 아니다"라는 말은 거짓말입니다.**

은퇴 후에 일하지 않으면
심심하다는 거짓말

이른바 '3대 거짓말'이라는 것이 있습니다.

1. 늙으면 죽어야 한다는 노인

2. 밑지고 판다는 장사꾼

3. 결혼 안 한다는 젊은이

그런데 개인적으로 여기에 하나 더 추가해도 되겠다 싶은 거짓말이 하나 있습니다. 바로 '심심해서 일한다는 택시 기사'입니다. 장시간 운전을 해본 사람이라면 운전이 그냥 가만히 앉아서 핸들만 까딱거리면 되는 일이 아니라는 것을 잘 알 것입니다.

운전은 그야말로 극심한 스트레스와 노동이 수반되는 일입니다. 한두 시간만 해도 힘든 이 일을 매일 몇 시간씩 하는 이유가 '심심해서'라니, 도저히 믿을 수가 없습니다. '용돈이라도 벌려고 하는 겁니다' 정도라면 이해할 수도 있겠지만 말입니다.

은퇴한 분들과 이야기를 나눌 기회가 유독 택시 안에서 많이 생기는 까닭에 한정 지은 것이기는 하지만 '심심해서 일한다'라는 말은 우리 주위에서 흔히 들을 수 있는 거짓말이기도 합니다.

제가 이 말을 거짓말이라고 하는 이유는 경험에서 비롯되었습니다. 몇 년간 은퇴한 삶을 살아보았더니 전혀 심심하지 않더란 말입니다. 오히려 시간이 빛의 속도로 빨라져서 가는 세월이 아쉬울 때가 훨씬 더 많습니다. 이 자유롭고 편안한 시간들이 점점 사라지는 것 같아, 밥을 먹으면서도 "밥이 점점 줄어들고 있다"라며 화를 내는 식탐 많은 이처럼 아쉬운 마음이 더 크게 느껴집니다.

그래서 은퇴 후에도 일을 하는 대부분의 사람은 사실 심

심한 것이 아니라 돈이 아쉬운 것이 아닐까 하는 생각을 해
봅니다. 저도 그랬던 적이 있었기 때문입니다.

휴직을 하고 은퇴 시뮬레이션을 가동했을 때, 매월 따박
따박 꽂히던 월급이 끊기자 돈이 없는 자유가 얼마나 불안
하고 불편한지 경험할 수 있었습니다. 그 경험이 경제적 자
유를 찾아야겠다는 생각을 하게 된 계기이기도 합니다.

저는 현재 사업을 하고 있습니다. 사업을 처음 시작했을
때 스스로 다짐한 것이 있습니다. 사업 때문에 나의 소중한
자유가 침해되는 상황이 발생한다면 즉시 중단하겠다고 말
입니다.

다행히 사업을 시작하고 3년이 다 되어가는 현재까지는
원래의 자유로운 삶과 비교했을 때 크게 달라진 것은 없습
니다. 지금은 어느 정도 시스템이 갖추어지고 있는 상황인
지라 사업에서 완전히 손을 떼고 단순 주주로 남는 선택지
도 생겼습니다.

'너는 사업을 하고 있으니 심심하지 않은 거 아니냐?'라
는 생각을 하는 분들이 있을까 하여 덧붙이는 말입니다. 즉
사업을 하지 않았던 백수 시절과 사업을 하는 지금의 생각

과 생활 패턴에는 별다른 차이가 없다는 이야기입니다.

그래서 결론은…
은퇴 후에 심심하지 않으려면 경제적 자유를 찾으세요.

아빠 같은 사람이
되고 싶어요

큰아들 녀석이 중학교 1학년일 때의 일입니다. 학교에서 '직업 체험'이라는 것을 하고 있다기에 나중에 어른이 되면 무슨 일을 하고 싶으냐고 물었더니 한 치의 망설임도 없이 돈을 많이 벌고 싶다고 합니다.

돈을 많이 벌 수 있는 일 중에서 어떤 직업을 갖고 싶은 것이냐 물으니 비교적 많은 월급을 받을 수 있는 회계사가 되어 돈을 모은 다음 투자를 하겠다고 합니다. 하필이면 왜 회계사인지 물으니 투자를 하는 데 도움이 되는 지식을 얻을 수 있기 때문이라고 합니다.

그래도 돈이 많아지면 그때는 하고 싶었던 일을 하며 살면 좋지 않겠느냐 물으니 하고 싶은 게 왜 꼭 일이어야 하느냐며, 그냥 아빠처럼 살고 싶다고 합니다.

'아무 일도 하지 않고 사는 게 좋아하는 일을 하며 사는 것보다 더 나을 수도 있다는 비밀을 벌써부터 깨달아버린 것일까?' 하는 생각을 하며 초등학교 5학년인 딸아이에게도 똑같이 물어보니 비슷한 답이 돌아왔습니다. 편하고 자유롭게 사는 아빠의 모습이 좋아 보였나 봅니다.

장래 희망이 '아빠처럼 사는 것'이라니. 조기 경제 교육의 부작용이 아닌가 하는 걱정이 생기기도 했지만, 한편으로는 "나는 절대로 아빠처럼은 살지 않을 거야!" 같은 영화나 드라마 속의 대사를 듣는 것보다는 낫지 않나 하는 생각이 들었습니다.

특별한 사명감으로 돈과 관계없는 직업을 선택하는 '넘사벽'의 인생을 사는 사람들이 간혹 있긴 하지만 대부분은 돈을 벌기 위해 직업을 선택하고 일을 합니다. 돈은 수단에 불과할 뿐, 목표는 따로 있을 거라는 이야기입니다.

아이들도 의사나 변호사 같은 돈 버는 수단으로서의 직업이 아니라 경제적 자유를 찾아 행복하게 사는 일을 궁극의 목표로 삼고 이야기한 것이었습니다. 그러니 '뭔가 잘못된 것'이 아니라 오히려 제대로 된 목표를 잡았다고 할 수 있습니다.

그래서 결론은…
사실은 저도 아무 일도 하지 않는 지금의 제 삶이 좋습니다.

돈과 효율의
사이에서

인터넷 쇼핑몰에서 LED 전구 하나를 사는 데 두 시간이 걸렸습니다. 뭐 대단한 걸 사려고 한 것도 아니고 가격 대비 성능이 좋은, 한마디로 가성비가 좋은 저렴한 물건을 고르기 위해서였습니다.

이제 제게 두 시간은 마음만 먹으면 웬만한 직장인의 1년 치 연봉을 벌어들일 수도 있는 시간입니다. 그런데 기껏 몇 백 원을 아낄 수 있는 일에 이 시간을 낭비했다니 정말로 한심한 노릇입니다. 하지만 이런 비효율적인 상황과 판단은 비단 저에게만 일어나는 일은 아닐 것입니다.

'집 앞 편의점에서 5분 만에 비싸게 살지, 아니면 왕복 한 시간이 걸리더라도 마트에 가서 싸게 살지.'

'시간을 들여 셀프 세차장에 갈지, 아니면 돈을 들여 손세차를 맡길지.'

우리는 수많은 선택을 앞두고 '효율'을 따져보며 고민합니다. 그리고 '그거 몇 푼이나 된다고… 그냥 사람 써…' 같은, '돈'보다는 '효율'에 더 방점을 두는 선택을 할 때도 많습니다.

물론 이런 선택이 잘못된 것은 아닙니다. 오히려 합리적인 판단이라고 하는 게 더 어울립니다. 실제로 저는 돈을 조금 아껴보겠다고 효율을 무시했다가 큰돈을 잃는 아찔한 경험을 아주 많이 해보았습니다.

스마트폰 배터리는 서비스 센터에 가서 5만 원 정도를 주면 간단하게 교체할 수 있습니다. 그런데 저는 배터리를 해외 직구로 2만 원에 구매해 일주일을 기다려 받은 뒤 직접 교체하다가 오히려 스마트폰을 고장 내기도 했습니다. 고작 100만 원을 투자한 달러에 몰두하다가 1억 원을 투자한 주식을 좋은 가격에 매도할 기회를 놓쳐보기도 했습니다.

효율이라는 개념으로만 따지면 아주 멍청하고 바보 같은 짓을 수도 없이 많이 해왔다는 이야기입니다. 하지만 아이러니하게도 '푼돈'을 중요하게 생각한 그 모든 결정의 끝에는 '경제적 자유'가 기다리고 있었습니다.

저에게 스마트폰 배터리 교체는 이제 어렵지 않게 해낼 수 있는 일이 되었고, 달러 투자는 주식 투자보다 훨씬 큰 돈을 벌 수 있는 수단이 되었습니다.

제가 선택한 것은 돈과 효율이 아니라 경험이었습니다. 최선을 다하는 마음과 자세가 효율성 있는 행동보다 훨씬 더 좋은 결과를 가져다주었다는 이야기입니다.

"달러 투자요? 100만 원을 투자해서 5000원의 수익을 만들어보았던 것이 그 시작이었어요."

이 이야기를 듣고 어떤 사람들은 100만 원을 투자해서 5000원을 번 것이 뭐 그리 대수냐며, 그런 비효율적인 투자를 하느니 그냥 주식에 투자하는 게 훨씬 더 낫겠다고 합니다. 하지만 이처럼 비효율적인 투자를 시작하지 않았다면 10억 원으로 1000만 원을 버는 투자도 불가능했을 것입니다.

절약은 비효율적으로 보일 때가 많습니다. 티끌을 모아 봤자 티끌이듯 티끌을 아껴봤자 티도 나지 않는 게 현실입니다.

하지만 티끌조차도 아끼는 '최선의 노력과 경험'은 지금 하고 있는 일이든 투자든, 무엇이 되었든 최고의 결과를 가져다주는 요인이 될 것입니다.

> 그래서 결론은…
> **자린고비에게 부를 가져다준 것은 굴비 한 마리가 아니라**
> **굴비 한 마리마저 아꼈던 최선과 노력의 마음가짐이었습니다.**

빌 게이츠도 길에 떨어진 돈은
지나치지 못한다

1초마다 150달러를 번다고 알려진 빌 게이츠가 길거리에 떨어져 있는 100달러짜리 지폐를 발견한다면 과연 주울까요, 아니면 그냥 지나칠까요?

저는 단 1초의 망설임도 없이 '당연히 줍겠지'라고 생각했습니다. 하지만 그렇게 생각하지 않는 사람도 많은 듯합니다. 그들의 논리는 언뜻 그럴듯하게 들립니다. 돈을 줍는데 걸리는 시간을 최소 3초라고 한다면, 450달러를 벌 수 있는 시간 동안 100달러를 위한 노동을 하는 것이니 비효율적이고, 그래서 하지 않으리라는 주장입니다.

'주울 것이다'라는 주장과 '줍지 않을 것이다'라는 주장 사이에 논쟁이 이어지자 결국 빌 게이츠 본인이 등판했습니다. 그리고 "100달러는 많은 것을 살 수 있는 금액의 돈이니 줍겠다"라고 의견을 명확히 밝혀 논란을 깔끔하게 정리했습니다.

이 상황을 보다 현실적인 기준으로 가정해 보도록 하겠습니다.

내가 한 달에 600만 원 정도의 소득이 있는 사람이라면 하루에 20만 원, 시간당 1만 원 정도의 돈을 번다고 할 수 있습니다. 그렇다면 5분에 약 1000원 정도를 벌어들인다고 생각할 수 있겠죠. 이런 내 앞에 100원짜리 동전 열 개가 여기저기 흩어져 있다고 상상해 봅시다.

5분 정도의 시간을 들여 100원짜리 동전 열 개를 주울까요, 아니면 그냥 지나칠까요?

저라면 당연히 주울 것입니다. 월 600만 원이 아니라 월 6000만 원을 벌고 있더라도 말입니다.

언젠가 총 3만 원인 영화 관람 티켓을 통신사 할인을 받아 1만 원에 예매했다고 개인 블로그를 통해 자랑을 했더니,

"돈도 많으면서 귀찮게 할인 혜택까지 챙겨 받을 필요가 있었느냐?"라는 농담 섞인 댓글을 받은 적도 있습니다.

여기서 원인과 결과를 바꾸어놓고 생각하면 돈이 많아도 푼돈을 지나치지 못하는 이유를 어렵지 않게 찾을 수 있습니다. 부자는 돈이 많아서 1000원 정도는 줍지 않고 쿨하게 지나치는 사람이 아니라, 단돈 1000원도 귀하게 여겨 부자가 된 사람이기 때문입니다.

저에게도 1000원이라는 돈의 가치에 대한 생각은 반지하 월세에 살던 20년 전이나 한강 뷰 아파트에 사는 지금이나 다르지 않습니다.

그래서 결론은…
경제적 자유를 찾기 위한 첫걸음은
돈을 귀하게 여기는 것입니다.

세상에
비생산적인 경험은 없다

한때 '레버리지'라는 말이 유행이던 시절이 있었습니다. 동명의 책이 베스트셀러가 되기도 했습니다.

어떤 일을 혼자서 해결하기보다는 내가 잘할 수 있는 일은 내가 하고 그렇지 않은 일은 나보다 잘할 수 있는 사람에게 맡겨야 한다는 것이 '레버리지'의 핵심입니다. 그럴듯해 보이는 말이기는 하지만 현실은 그리 녹록지가 않습니다.

투자를 할 때 잘못된 레버리지가 파국의 지름길이 되듯, 일에 있어서도 마찬가지입니다. 투자의 고수들이 더 큰 수익을 얻으려 할 때 레버리지를 이용하는 것을 보면, 그것을 이용할 능력이 있는 사람들이나 제대로 된 레버리지 효과를 얻을 수 있다는 사실을 알 수 있습니다.

100킬로그램의 바벨을 20초 안에 열 번 들어 올리는 것이 목표인 사람이 레버리지, 그러니까 지렛대를 이용해 바벨을 들어 올리는 운동만 한다면 어떻게 될까요? 원하는 목표를 달성하는 데 아주 오랜 시간이 걸리거나 아예 실패할 가능성이 커질 것입니다.

제가 직접 펑크가 난 자전거 바퀴를 수리하고, 싱크대 문짝을 조립한다고 했더니 "그런 거 할 시간에 더 생산적인 일을 하시는 게 낫지 않을까요?"라는 질문이 들어옵니다.

그렇다면 아들 녀석과 게임을 하는 것은 전혀 생산적이지 않은 일이니 해서는 안 될까요? 게임을 하면서 저는 단 한 번도 게임이 과연 생산적인지 고민하지 않았습니다. 그저 인생을 살아가면서 하게 되는 경험 중 하나라고 생각했을 뿐입니다.

생산성이라고는 조금도 없어 보였던 아들 녀석과의 게임은 지금 이 책의 글감이 되어 생산적인 활동의 근간이 되었습니다. 누군가에게는 인생에 도움이 될 책으로 변신하여 일종의 생산성을 만들어내고 있습니다.

스스로 해결하고자 하는 노력들이 곧 경험이 되고, 그 경험들이 쌓여 돈 버는 습관이 된다는 이야기를 하고 있는 것입니다. 아무리 하찮고 쓸모없어 보이는 경험일지라도 말입니다.

노래 한 곡을 부르면 단 5분 만에 100만 원을 받을 수 있는 가수가 똑같은 시간 동안 요리를 했다고 가정해 보겠습니다. 요리를 할 시간에 노래를 부르는 것이 더 생산적인 일이니 요리는 하지 않는 편이 좋았을까요?

그 가수가 요리 관련 예능 프로그램에 출연하면서 예전보다 더 큰 인기를 끌게 되고, 지금은 노래 한 곡을 부르면 단 5분 만에 10배 오른 1000만 원을 받을 수 있는 가수가 되었다면 과연 그 요리의 경험이 비생산적이고 불필요한 일이었다고 할 수 있을까요?

저는 단 몇 시간 만에 직장인 연봉 수준의 돈을 벌 때도 있습니다. 하지만 공영 주차장에서 주차 요금 500원이 나오더라도 50퍼센트 할인을 해주는 다자녀 혜택을 위해 직원을 호출해 다둥이 카드를 보여주는 귀찮음과 수고가 비생산적인 일이라 생각하지는 않습니다.

'더 생산적이고, 덜 생산적인'이라는 것은 그 누구도 알수 없으며, 그것이 좋은 경험일수록 생산적인 도구가 되어 금의환향할 가능성이 큽니다.

저는 욕실의 타일을 손수 시공하며 품질 좋은 타일을 찾는 과정에서 '아이에스동서'라는 회사를 알게 되었고, 그 회사에 투자해 달콤한 수익을 얻은 적이 있습니다.

저에게 경제적 자유를 찾게 해준 달러 투자를 시작한 계기 역시 비생산적인 일의 끝판왕이라 여길 수 있는 '여행'이었습니다. 해외여행을 위해 환전을 하는 과정에서 환전과 재환전을 통한 수익 구조를 알게 된 것입니다.

보다 생산적인 일만 해야 한다고 스스로의 생각과 사고에 '선'을 그어놓는다면 워런 버핏이나 빌 게이츠 같은 슈퍼 리치들은 똥도 자기 손으로 닦으면 안 될 것입니다.

슈퍼 리치의 시간당 생산성을 똥 닦는 시간에 대입해 보면 못해도 수십만 원은 될 테니, 그 일은 레버리지를 통해 다른 사람에게 맡기고 그 시간에 좀 더 생산적인 일을 하는 게 나을 것이기 때문입니다.

좀 더 쉬운 이해를 위해 다소 과장 섞이고 극단적이고 비약적인 예들을 총동원하기는 했지만 제가 하고 싶은 말은 이것입니다.

돈 버는 습관은 하루아침에 만들어지지 않습니다.

'하면 된다'라는 생각도 중요하지만, '해야 한다'라는 생각도 필요합니다.

'퇴근 후에 그걸 하겠다고? 돈도 별로 안 될 것 같은데?'라며 생산성만을 따지는 대부분의 사람이 남들이 노력하는 시간에 하는 일은 자거나 TV를 보거나 야식을 먹는 일일 때가 많습니다.

읽고, 보고, 느끼고, 행동하는 모든 경험들이 쌓여 돈 버는 습관이 됩니다.

그래서 결론은…
레버리지, 직접 해봤어야 제대로 시킬 수 있습니다.

지금 참지 못하면
미래에는 더 많이 참아야 한다

돈을 쓰면 물건이 생깁니다. 그 물건을 다시 팔면 감가가 되면서 받는 돈이 줄어듭니다. 돈과 물건, 둘 중에서 돈이 더 낫다는 이야기를 하려는 것입니다. 돈으로는 거의 모든 물건을 살 수 있지만 돈이 일단 물건으로 바뀌고 나면 다시 똑같은 크기의 돈으로 바꾸기 어려워집니다.

그런데 세상에는 그렇지 않은 것들도 존재합니다. 돈으로 달러를 바꾸고 나서 다시 달러를 돈으로 바꿨더니 돈이 오히려 늘어납니다. 돈을 땅과 바꿨는데 땅값이 오릅니다. 돈을 써도 줄어드는 게 아니라 오히려 늘어나는 일이 존재하는 것입니다. 이것이 자동차를 사는 것보다 자동차 회사의 주식을 사는 것이 더 유리한 이유입니다. 우리는 이것을 '투자'라고 부릅니다.

그런데 생각해 봅시다. 먹고 싶은 것을 참아가며 열심히 돈을 모아도, 젊음을 시간과 맞바꾸다 보면 먹고 싶은 걸 먹을 수 있게 되었을 때는 이도 없고 미각도 잃어 제대로 맛보기 힘들 수 있습니다.

입고 싶은 것을 참아가며 돈을 모아도 입고 싶은 걸 입을 수 있게 되었을 때는 불룩한 뱃살과 처진 피부 때문에 더 이상 그 어떤 옷도 나를 멋지게 할 수 없는 지경에 이를 수도 있습니다.

먹고 죽은 귀신은 때깔도 곱고, 돈은 죽을 때 싸 갈 수도 없으니 쓸 수 있을 때 다 써버려야 한다는 말이 완전히 허튼소리는 아닌 것입니다.

내 돈을 보다 합리적이고 유리한 투자에 쓸 것인지, 지나고 나면 다시는 누리지 못할 수도 있는 현재의 행복을 위해 쓸 것인지 고민할 수밖에 없습니다. 하지만 이 고민에 대한 답은, '건강을 지키려면 담배를 얼마만큼 피우는 게 좋을까?'에 대한 답이 '그냥 담배를 완전히 끊는다'인 것처럼 당연하고도 단순합니다.

내가 현재 가지고 있는 돈이 죽을 때까지 쓸 수 있을 만큼 많다면 먹고 싶은 것, 입고 싶은 것, 하고 싶은 것을 다 하고 살아도 문제될 것이 전혀 없습니다. 그런 사람들을 우리는 흔히 '부자'라고 부릅니다. 대부분의 부자가 좋은 차를 타고 좋은 집에 살고 있는 이유입니다.

하지만 부자가 아니라면 돈이 없어서 죽을 일이 없도록 돈을 보다 합리적이고 유리한 방식으로 써야 합니다. 무인도에서 한 달 치의 식량을 하루 만에 다 먹어치우고 나면 기껏해야 열흘밖에 더 살 수 없고, 그 열흘의 시간마저도 극심한 허기와 배고픔으로 고통받게 되리라는 사실을 우리는 너무나도 잘 알고 있습니다.

한 번뿐인 인생이기 때문에 현재의 만족과 행복을 추구할 것이 아니라, 한 번뿐인 인생을 무탈하게 완주하기 위해서 현재의 만족과 행복을 인내해야 한다는 이야기입니다.

저는 경제적 자유를 찾고 나서야 그간 관심도 없었던 맛집 탐방에 흥미를 갖기 시작했습니다. 그런데 맛있는 것을 입에 넣었을 때보다는 원한다면 무엇이든 먹을 수 있는 돈과 시간이 확보된 상태 그 자체에 더 큰 행복감을 느낍니다.

쇼핑하고 있을 때가 쇼핑한 물건을 사용할 때보다 더 즐겁고, 여행을 가기 전에 설렘을 느낄 때가 여행을 하고 있을 때와는 또 다른 기쁨이 되는 것과도 비슷합니다. '하는 것'의 기쁨은 시간이 지나면 사라지고 무뎌지지만 '할 것'에 대한 기쁨은 몇 번이고 반복할 수 있고 지속하는 것도 가능합니다.

모태 솔로의 목표는 예쁘고 사랑스러운 그녀와 사귀게 되는 단 한 번의 꿈같은 일이 아니라, 그녀 같은 여자들이 사랑에 빠질 수밖에 없는 매력적인 존재가 되는 것이어야 합니다. 단 한 번의 천국 같았던 연애에 실패해 그녀와 헤어지기라도 한다면 고통스러운 지옥이 펼쳐질 텐데, 안타깝게도 그럴 가능성이 매우 높기 때문입니다.

투자로 큰돈을 버는 단 한 번의 행운보다는 잃지 않는 안전한 투자의 실력을 갖추어 죽을 때까지 계속해서 투자수익을 만들어내는 것이 더 낫습니다. 지금 사고 싶은 하나를 참아내면 나중에는 10개, 100개를 살 수도 있게 됩니다.

월 소득이 3000만 원이나 되는데도 경제적 자유를 찾기는커녕 노후가 걱정이라는 분의 사연을 본 적이 있습니다. 원인은 아주 단순했습니다. 버는 것보다 더 쓰기 때문이었습니다. 적게 벌더라도 버는 것보다 덜 쓰면 결국은 경제적 자유를 찾게 되는 원리와 비슷한 개념입니다.

많은 사람이 소득을 늘리는 일에만 집중합니다. 1만 원을 버는 것보다 1만 원을 덜 쓰는 게 쉽다는 생각은 하지 못합니다. 실제로 소비를 줄이면 경제적 자유를 달성하기 위한 목표 현금흐름도 줄어들어, 그만큼 빠르게 경제적 자유를 달성할 수 있습니다. 하지만 덜 쓰면 덜 행복하지 않느냐는 생각 때문에 '나중의 행복을 위해 지금의 불행을 감수해야 할까?'라는 생각이 듭니다.

이때 지금 감수하는 불행의 크기와 감수하지 않아 바뀐 미래의 불행 크기는 비교조차 되지 않을 만큼 차이가 크다는 것도 생각해 봐야 합니다. 지금 좋은 차를 타지 못하는 불행을 감수하지 않는다면, 나중에는 아픈 몸을 이끌고 남의 차를 운전해야 먹고살 수 있는 불행을 겪게 될 거라는 말입니다.

"불필요한 것을 사게 되면 필요한 것을 팔게 된다."

우리가 좋아하는 100달러짜리 지폐 속 벤저민 프랭클린이 한 말이라고 합니다.

저는 한 달에 한 번 자산의 증감을 엑셀로 정리해 체크합니다. 이때 주로 확인하는 것은 부동산 대출 자금 등의 부채와 현금성 금융자산의 증감 여부입니다. 현금성 금융자산은 최대 일주일 이내에 현금화가 가능한 예금, 주식, 달러 등을 말합니다.

얼마 전 저는 현금성 금융자산 20억 원을 초과 달성했습니다. 기사에서 본 자료에 따르면 대한민국 부자의 기준은 '부동산 자산을 제외한 금융자산 10억 원 이상 보유'라고 합니다.

저는 한국 나이로 올해 48세이니 '올드 리치'가 아닌 '영 리치'에 해당합니다. 총자산 기준이야 일찌감치 달성했으니 이제는 누가 부자냐고 물어도 "아들 녀석이 둘이나 되니 부자는 맞습니다" 같은 시답잖은 농담은 하지 않아도 될 듯합니다.

그런데 이 기준은 통계적인 기준일 뿐 실제로 별 의미는 없습니다. 저는 여전히 좋은 차, 좋은 옷, 좋은 음식을 타고 입고 먹을 만한 형편은 안 되기 때문입니다. 만약 조금이라도 사치를 부리거나 노력을 게을리하면 부자는커녕 경제적 자유를 누리는 삶도 금세 끝나버릴 것입니다.

우리가 알고 있는 이미지의 부자와 통계적 기준의 부자는 전혀 다르다는 이야기를 하려는 것입니다. 만약 통계적 기준에도 미치지 못한 사람이 "금융자산 10억 이상이라도 부자로 살 수 없습니다"라고 말한다면 신빙성이 떨어지는 주장으로 치부될 뿐입니다. 하지만 기준을 통과한 제가 직접 느끼고 있는 사실이니만큼 어느 정도는 일리가 있다고 할 수 있을 것입니다.

"부자는 하늘이 내린다"라는 말이 있을 정도로 부자가 되기란 힘든 일임에 틀림없습니다. 목표를 '부자'에 두면 실패할 가능성 또한 크다는 의미입니다. 하지만 경제적 자유는 누구라도 달성 가능한 목표일 뿐 아니라 금융자산 10억 원이 없어도 가능합니다. 실력과 노력에 따라서는 1억 원으로도 가능하고, 심지어 금융자산이 없어도 가능합니다.

이를 깨닫지 못하고 가능성이 낮은 꿈을 좇다 보면 태양을 향해 날아가는 이카루스처럼 날개가 녹아 추락해 버릴 수도 있습니다.

꿈과 목표를 낮게 잡으라는 말은 아닙니다. 행복한 삶과 사치스러운 삶을 구분해야 한다는 이야기입니다.

영화 〈샤크: 더 비기닝〉에 이런 대사가 있습니다.

"상어는 부레가 없어서 잠깐이라도 움직임을 멈추면 물속에 가라앉아 죽어. 그래서 상어는 태어나서 죽을 때까지 끊임없이 움직이고 또 움직여야 해. 너도 마찬가지야. 살아남고 싶으면 끊임없이 움직여라. 그럼 최고의 사냥꾼이 될 거다. 상어처럼."

고래가 되기는 어려워도 상어로 살기란 어렵지 않습니다.

> 그래서 결론은…
> **아껴야 잘 살(well-being) 수 있을 뿐 아니라**
> **아껴야 잘 죽을(well-dying) 수 있습니다.**

돈 버는 모든 일을 해보고
깨달은 것

저는 돈을 벌기 위해 노동도 해보고 투자도 해보았습니다. 붕어빵도 구워서 팔아보고 대기업에서 부장님 소리도 들어보았으니 노동 경험에 있어서는 "나 때는 말이야" 정도는 충분히 풀어낼 수 있을 듯합니다.

투자 또한 마찬가지입니다. 부동산 투자, 주식 투자, 달러 투자까지 두루 경험하며 경제적 자유를 찾는 성과까지 이루어냈으니 누군가에게 도움이 될 만한 조언을 할 수준은 된다고 생각합니다.

저는 '한 우물만 파면 하나의 우물만 갖게 된다'라는 생각으로 노동에서 투자까지 돈 벌기의 다양한 경험을 해보았지만 그 한계는 명확했습니다. 노동과 투자만으로 경제적 자유의 다음 단계인 부자로 가기 위해서는 엄청난 실력과 많은 경험이 있어야 한다는 것을 알게 되었습니다.

그런데 최근에 '돈 벌기의 끝판왕'을 경험하게 되었습니다. 바로 '사업'입니다.

사업은 노동으로는 100년 정도는 해야 이룰 수 있고 투자로는 30년 정도는 해야 얻을 수 있는 것을 단 1년 만에 이루고 얻을 수 있는 것임을 알게 되었습니다. 돈을 제대로 벌려면 노동도 그만두고 투자도 집어치우고 당장 사업을 시작해야 한다는 뜻이 아닙니다. 오히려 그 반대입니다.

돌이켜 보면 노동으로 열심히 일해서 번 돈 덕분에 투자의 씨앗을 만들어냈고, 투자를 통해 자본의 메커니즘을 깨달은 덕분에 사업의 본질도 알게 되었습니다. 모든 것은 '경험'에 기인했던 것입니다.

"노동으로는 부자가 될 수 없습니다."

이 말은 잘못된 말입니다. 노동은 부자가 되기 위한 아주 중요한 과정입니다.

"투자는 하이 리스크 하이 리턴입니다."

이 말도 이렇게 바꾸어야 합니다.

"로우 리턴의 경험을 지속적으로 쌓다 보면 하이 리턴이 됩니다."

그리고 잃지 않는 안전한 투자의 습관은 성공적인 사업을 영위하는 데도 큰 도움이 될 것입니다.

"1000달러를 사서 원달러환율이 5원 정도 올랐을 때 팔아보세요. 그럼 5000원을 벌게 됩니다."

이 말을 들은 사람들의 반응은 크게 두 가지로 나뉩니다.

"5000원이라고? 안전한 투자라는 건 인정하더라도 고작 그거 벌겠다고 골치 아프게 달러를 사? 차라리 S&P500을 사서 가만히 놔두는 게 나을걸?"이라는 반응과 "100만 달러를 사서 원달러환율이 5원 올랐을 때 팔면 500만 원이라는 얘기네? 안전한 투자라면 큰돈을 투자하는 것도 가능하다는 거잖아?"라는 반응입니다.

참고로 저는 후자의 생각을 했습니다. 고위험 투자는 큰돈을 투자할 수 없기에 수익률은 높을지언정 수익 금액이 적을 수밖에 없지만, 잃지 않는 안전한 투자에는 큰돈을 투자할 수 있기에 수익률은 낮을지언정 수익 금액이 클 수 있다는 생각을 한 것입니다. 그리고 실제로 100만 달러를 투자해 그에 비례한 큰 수익을 얻는 성공 경험까지 하게 되었습니다.

제가 만약 전자의 생각을 했다면 '돈 벌기의 끝판왕'임을 알게 된 '사업'을 하게 되는 미래도 존재하지 않았을 것입니다. 이렇듯 경험은 성공을 위한 아주 중요한 과정입니다. 지금 하고 있는 일, 지금 하고 있는 투자가 아무리 사소하더라도 성공과 아주 큰 관계가 있을 거라는 말입니다.

"한 우물만 파면 하나의 우물만 갖게 될 것입니다."

이 말은 비단 돈이 나오는 파이프라인을 많이 만들어두어야 한다는 의미만은 아닙니다. 다양하고 많은 돈 벌기의 경험을 해보라는 의미도 내포되어 있습니다.

물론 경험에는 좋은 경험도 있고 떠올리기조차 싫은 나쁜 경험도 있을 것입니다. 어떤 경험이든 성공을 위한 과정이라는 측면에서는 모두 가치 있습니다.

카지노에서 도박을 하다가 한 방에 큰돈을 날렸던 실패의 경험은 '나누어 사고 나누어 팔아야 한다'는 사실을 깨닫게 해주었고, 저는 지금 그 경험을 토대로 한 서비스를 만들어 파는 '사업'을 하고 있습니다.

실패한 나쁜 경험이 돈 벌기의 끝판왕, 그러니까 사업을 경험하게 해준 셈입니다.

물론 실패한 경험보다는 성공한 경험이 성공을 위한 과정으로서는 더 영양가 있고 효과적이라는 사실을 부정할 수는 없습니다. 그래서 실패를 거듭하면서도 실패하지 않도록 노력해야 하며, 작은 성공의 경험이라도 계속해서 쌓아나가야 합니다.

그래서 결론은…
한번 해보세요. 해보지 않으면
'경험'이라는 돈 버는 기회를 영영 놓치게 됩니다.

'부모 잘 만난 것들'이라는 말의 함정

조 대리보다 30분 먼저 출근합니다. 조 대리보다 인사도 잘하고 친절하고 눈치껏 아부도 잘합니다. 조 대리보다 일도 열심히 하고 성과도 좋습니다. 그런데도 국장님은 나보다 조 대리를 더 예뻐하며 챙깁니다. 그 이유를 알면 그 누구라도 고개를 끄덕일 수밖에 없습니다. 조 대리는 국장님의 무남독녀 외동딸이었던 것입니다.

우리는 이것을 '부모 찬스'라 부릅니다. 기울어진 운동장이라고, 세상은 불공평하다고 합니다. 그런데 입장을 바꾸어놓고 생각하면 나보다, 아니 남보다 조 대리를 더 챙겨주는 국장님의 마음도 충분히 이해할 수 있습니다.

조 국장님도 한때 조 대리였던 젊은 시절이 있었습니다. 당시의 조 대리는 김 대리가 놀 때 일하고, 김 대리가 일할 때도 일했습니다. 뼈를 깎는 노력과 피를 토하는 열정으로 지금의 국장 자리에까지 오를 수 있었던 것입니다. 일도 설렁설렁, 이리저리 눈치만 살피며 자기가 해야 할 일도 남에게 미루던 김 대리가 아닌 조 대리가 국장이 된 것은 박수받아 마땅할 만큼 공평해 보입니다.

시간이 흘러 지금은 조 국장이 된 조 대리도 딸이 생겼고 김 대리, 아니, 지금은 아파트 경비로 일하는 김 씨도 딸을 낳았습니다. 그 딸들이 커서 어른이 되었고 한 사람은 조 대리, 또 한 사람이 바로 "기울어지고 불공평한 더러운 세상"을 외치고 있는 '나'입니다.

조 국장이 젊은 시절 열심히 산 대가로 자신의 딸에게 좋은 기회, 곧 찬스를 주는 것과 경비원 김 씨가 최선을 다하지 않아 자신의 딸에게 찬스를 주지 못하게 된 것은 어찌 보면 공평한 결과라고도 할 수 있습니다.

자식의 입장에서만 본다면 금수저를 입에 물고 태어나지

못했다는 이유로 경쟁에서 밀려나는 것이 불공평해 보일 것입니다. 하지만 부모의 입장에서 본다면 안 먹고 안 입고 손발이 다 닳도록 고생하며 키운 자기 자식과 흥청망청 놀 거다 놀면서 대충 살았던 다른 사람의 자식이 똑같은 대우를 받는다면 그것이 더 불공평하다 생각할 것입니다.

부모 찬스가 정당하다는 이야기를 하려는 것이 아닙니다. 자식에게 부모 찬스를 줄 수 있는 부모가 되기 위해 노력하는 일까지 부정해서는 안 된다는 이야기를 하려는 것입니다.

저 역시도 부모 찬스는커녕 '부모 페널티'라고 해야 할 만큼 기울어진 운동장에서 어린 시절과 사회초년생 시절을 보내야만 했습니다. 부모님이 물려주는 재산은 드라마를 통해서나 알 수 있는 개념이었고, 실제로 제가 부모님에게 물려받은 것은 감당하기 힘든 빚뿐이었습니다.

하지만 저는 이런 생각을 했습니다.

'나는 부모님에게 부모 찬스를 받지 못했지만 우리 아이들에게는 내가 부모 찬스를 줘야겠다.'

더 이상 가난을 대물림하지 않겠다는 드라마 속 흔한 흙수저 주인공의 대사처럼 말입니다. 그래서 더 빨리 출근했고, 더 늦게 퇴근했으며, 더 아부하고 더 열심히 일했습니다. 그 결과 지금의 저에게는 '부모 찬스'가 증오 가득한 부정적인 말이 아니라, 제가 사용할 수 있는 든든한 도구를 가리키는 말이 되었습니다. 부모 찬스를 줄 수 있다는 사실을 알게 된 것입니다.

물론 표창장 위조나 뇌물성 퇴직금 같은 불법적인 부모 찬스는 사회적으로도 지탄받아 마땅하고 법적으로도 처벌받아야 합니다. 하지만 거액의 세금까지 내면서 국고에 도움을 주는 정당한 상속이나 경영승계 행위까지 부모 찬스 운운하며 문제라 평가한다면, 본인을 포함해 그 가족까지 열심히 일한 대가를 누리는 자본주의의 근간을 흔들게 된다고 할 수 있습니다. 이를 부정하는 순간 더 열심히 살아가야 하는 이유 역시 사라져 버리기 때문입니다.

'나는 힘들게 젓가락으로 밥을 먹고 있는데 저 사람은 왜 편하게 금수저로 밥을 먹고 있지?'

'어? 그 금수저로 자기 자식에게까지 밥을 떠먹여 주고 있네?'

이렇게 불평만 늘어놓을 것이 아니라 집 근처 다이소에

라도 달려가서 '스텡 수저'라도 사다 줄 생각을 하라는 말입니다.

그래서 결론은…
부모 찬스 못 받았다고 원망하는 대신
부모 찬스를 못 줄까 걱정하기 바랍니다.

부자는 왜
일에 시간을 쏟는가

몸이 마음을
따라가지 못하는 때가 온다

성공하고 싶지 않은 사람이 있을까요? 원하는 목표를 이루고 이미 어느 정도 성공을 한 저조차도 더 크게 성공하고 싶은 열망이 있습니다. '책을 출간하고 싶다'라는 목표를 이루고 나니 '내 책이 베스트셀러가 되었으면 좋겠다'라는 생각이 들었고, 그 목표를 이루고 나니 이제 '베스트셀러 1위를 찍어보고 싶다'라는 생각이 듭니다. 그래서 인간의 욕심은 끝이 없다고 하나 봅니다.

그런데 성공을 하고 싶다는 열망은 가득하지만 마음가짐은 거기에 부합하지 않은 경우가 많습니다. 국영수를 중심으로 암기 과목을 철저히 공부하면 서울대에 갈 수 있음을 잘 알고 있음에도 막상 그렇게는 하지 않았던 고등학교 시절의 나와도 닮아 있습니다.

성공을 위한 마음가짐을 갖기 위해서는 어떻게 해야 할까요?

안타깝게도 저는 그런 방법을 모릅니다. 나도 하지 못하고 찾지 못한 방법을 알려줄 수는 없습니다. 하지만 마음이 따라주지 않아 성공의 길로 가지 못하는 사람들, 정확히 말하면 2030대의 젊은 사람들에게 해줄 수 있는 말은 있습니다. 제가 작지만 성공이라는 것을 해보았고, 젊은 시절 역시 겪어보았기에 할 수 있는 조언입니다.

나이가 들면 성공은 하고 싶은데 마음만 따라주지 않는 것이 아니라 몸도 따라주지 않습니다.

젊은 시절 인간의 몸은 마음이 컨트롤하는 대로 움직였습니다. 마음만 먹으면 다이어트를 할 수 있었고, 일주일을 꼬박 일하는 것도 가능했습니다. 하지만 나이가 들면 불가능해집니다. 굳은 마음을 먹었음에도 불구하고 몸이 따라주지 않는 것입니다.

"내가 10년만 젊었어도…"라는 말은 단순히 체력 이야기가 아닙니다. 해도 안 되는 때가 있다는 가슴 아픈 현실을 보여주는 이야기입니다. "소년이여, 야망을 가져라"라는 말 역시 몸이 마음처럼 움직이지 않게 되면 "소년만이 야망을 가질 수 있다"라는 말로 들리기 시작합니다.

내가 놓친 것에 대한 후회는 과거의 시간뿐만 아니라 마음을 따라 움직여주던 젊고 건강한 몸도 포함된다는 사실을 깨달았을 때는 이미 많이 늦은 후일 것입니다. 마음을 따라 움직일 수 있는 건강한 몸으로 '워라밸' '욜로' 같은 유혹에 빠져드는 것이 위험한 이유입니다.

"아빠, 학교는 왜 가야 해?"

한번은 딸아이가 학교 숙제로 이런 글쓰기 주제를 받아왔습니다. 귀찮기도 해서 최대한 짧게 말해주었습니다.

"대학에 가려고…."

그랬더니 대학은 왜 가냐고 묻습니다.

"회사에 가려고…."

"그럼 회사는 왜 가는데?"

"돈 벌려고…."

"그럼 돈은 왜 벌어?"

"회사에 '안' 가려고….."

이쯤 되니 장난치지 말라며 화를 냅니다. 회사에 가서 돈을 벌어야 하는 이유가 회사에 가지 않기 위함이라니 장난처럼 들렸을 법도 합니다.

"너도 어른이 되면 이해할 수 있을 거야. 일요일 오후에는 특히나 더"라고 덧붙여 말해주고 싶었지만 어차피 지금은 이해하지 못할 테니 그만두기로 하며, 문득 뇌리를 스친 현실적인 생각은 더 잔인했습니다.

나이가 들어 몸이 마음처럼 움직여 주지 않을 때가 되면 '회사에 못 가니까'가 될 수도 있기 때문입니다.

> 그래서 결론은…
> **노력도 할 수 있을 때 하세요.**
> **하고 싶어도 못 할 때가 오거든요.**

일보다 돈을 더
좋아해야 하는 이유

노래 부르기가 즐거운 사람 A가 있습니다. 노래 부르기가 싫은 사람 B도 있습니다. 그런데 가혹한 운명은 A를 음치로, B는 누구나 그가 부르는 노래를 듣고 싶어 할 정도의 노래 천재로 태어나게 했습니다.

A는 그 좋아하는 노래를 부를 때마다 코인 노래방 기계에 동전을 넣어야 합니다. B는 그렇게 싫어하는 노래를 부를 때마다 그가 세상에서 제일 좋아하는 돈을 아주 많이 법니다. A와 B, 둘 중 누가 더 행복할까요?

B는 사람들 앞에서 노래를 부를 때마다 즐거운 표정을

지을 것입니다. 하지만 돈이 되지 않으면 더 이상 부르지 않을 것입니다. 그가 노래를 부르며 즐겁고 행복한 표정을 지은 이유는 돈 때문이었으니까요.

우리는 흔히 "노력하는 자는 즐기는 자를 이길 수 없다"라고 말합니다. "즐기는 자는 운 좋은 자를 이길 수 없다"라는 말도 있습니다. 이 말에 따르면 A는 노래를 즐기는 자였지만 음치라는 나쁜 운을 지녔고, B는 그냥 노래를 잘하는 좋은 운을 지녔던 것입니다.

만약 즐기는 일이 돈까지 된다면, 즉 노래 부르는 것이 행복하고 즐거운 사람이 노래를 잘하는 능력까지 타고났다면 어떨까요?

하지만 안타깝게도 대다수의 사람에게 좋아하는 일과 돈 되는 일은 일치하지 않습니다. 취미가 일이 되면 그것이 싫어지는 경우까지 있을 정도입니다. 일은 경제적 자유를 찾으려면 해야 하는 필수 불가결한 것이지만, 즐거울 가능성이 매우 낮습니다. 먹고살기 위해 어쩔 수 없이 해야 하는 일이 대부분입니다.

하지만 노래 부르는 것을 싫어하는 B가 사람들 앞에서 즐겁게 춤추며 노래할 수 있었던 이유가 돈이었듯, 돈 버는 일이기에 즐겁다는 생각을 할 수 있어야 합니다. 돈 버는 일이 곧 경제적 자유를 찾아서 여유롭고 편안한 삶을 사는 일이라고 생각하면 즐겁게 느껴질 수도 있을 것입니다.

평생 해도 좋을 재미있는 일을 찾아봅니다. 돈을 잘 벌지 못하는 일이어도 괜찮지만, 당장의 직업으로 삼으려 해서는 안 됩니다. 좋아하는 일이 먹고살기 위한 직업이 되는 순간 더 이상 좋지 않을 수도 있기 때문입니다.

일 자체는 결코 즐거울 수 없습니다.

노래 부르기를 좋아하던 A도 그의 능력에 맞게 시간당 1000원을 받고 매일 10시간, 주 7일 노래해야 하는 직업을 갖게 된다면 노래 부르기가 세상에서 가장 하기 싫은 일이라고 말하기까지는 그리 오랜 시간이 걸리지 않을 것입니다.

친구들과 축구를 하는 것을 좋아했던 사람이 축구선수가 되면 조금이라도 높은 연봉을 위해 고된 훈련을 견뎌내야 하고, 다른 선수들과 치열한 경쟁을 해야 합니다. 그쯤 되면 더 이상 축구가 재미있지는 않습니다.

그래서 돈을 버는 직업은 좋아하는 일이 아니라 그냥 돈을 많이 벌 수 있는 일로 정하는 편이 낫습니다. 대신 빠르게 돈을 벌어 종잣돈을 만들고 투자와 병행하다가, 노동으로 버는 돈보다 돈이 버는 돈이 더 많아지면 그때부터는 좋아하는 일을 시작해도 됩니다.

저도 글 쓰는 일을 재미있어하고 좋아했지만 이를 '꼭 해야만 하는' 직업으로 삼았다면 결코 재미있지는 않았을 것입니다. 하지만 글쓰기를 '하고 싶지 않을 때는 하지 않아도 되는 일'로 만든 덕분에 평생을 해도 계속 재미있고 좋아할 수 있었습니다.

제가 생각하는 경제적 자유는 '일을 그만두는 것'이 아니라 '하고 싶은 일을 하며 살아도 되는 것'입니다.

저는 출근도 하지 않고, 하루 종일 안마의자에 앉아 TV나 보는 백수처럼 보이지만 사실 예전부터 좋아했던 '하고 싶은 일'을 하며 살고 있는 것입니다. 이렇게 좋아하는 일만 하고 살면서도 예전보다 더 많은 돈을 벌고 있다는 게 신기합니다.

다시 한번 말하지만 좋아하면서 돈까지 되는 일은 흔치 않습니다. 두 마리 토끼를 잡지 못한다면 둘 중 하나, 그러니까 돈 되는 일을 하는 것이 더 낫습니다. 좋아하는 일이 돈이 안 되면 괴로운 일이 되듯, 싫어하는 일도 돈이 되면 즐거울 수 있습니다. 그러니 좋아하는 일로 많은 돈을 벌 수 없다면 돈은 그냥 많이 벌 수 있는 일로 벌고, 좋아하는 일은 그다음에 하는 것이 좋습니다.

일 자체를 즐기려 하다가는 쉬이 지치게 됩니다. 하지만 돈 버는 것을 즐기다 보면 일도 잘하게 될 것입니다. 그리고 이 선순환은 경제적 자유를 앞당겨 줍니다. 돈을 좋아하면 더 좋아할수록 즐겁고 행복한 삶을 살 수 있게 된다는 기적의 논리가 완성되는 것입니다.

> 그래서 결론은…
> **일이 즐거우려면 돈을 좋아해야 합니다.**

조용한 사직과
조용한 해고

MZ 세대를 중심으로 '받는 만큼만 일한다'라는 의미의 '조용한 사직'이 유행처럼 번졌던 적이 있습니다. 한때 유행했던 욜로나 워라밸보다 한 단계 더 진화한 느낌입니다.

얼핏 매우 합리적인 행동인 것처럼 보이지만, '받는 만큼'이 개인의 주관적인 기준일 수밖에 없다는 점에서 문제점이 보입니다. 그 기준이 '일하는 시간'만을 의미하지는 않을 것이기 때문입니다.

저마다 능력의 차이가 있는 까닭에 어떤 사람은 한 시간을 일하고도 열 시간의 생산력을 만들어내고, 또 어떤 사람은 열 시간을 일하고도 한 시간의 생산력도 만들어내지 못하는 경우가 있습니다. 우리는 이를 〈생활의 달인〉이라는 TV 프로그램에서 수없이 목격해 왔습니다.

'받는 만큼만 일한다'라는 생각으로 조용한 사직을 선택한 사람들은 '일한 만큼만 준다'라는 생각을 가지고 있는 기업으로부터 '조용한 해고'를 당할 가능성이 매우 큽니다.

피고용인이 100만큼 받고 있으니 딱 100만큼의 일만 하겠다고 생각하듯, 고용인은 50만큼만 일하고 있으니 50만큼만 줘야겠다고 생각하고 있을 것입니다. 그리고 어쩔 수 없이 100만큼을 줘야 한다면 100 이상의 일을 할 수 있는 사람으로 대체하려고 할 것입니다. 이것이 받는 만큼만 일하겠다는 생각이 위험한 이유입니다.

경제적 자유는 일한 만큼 받는 것을 가능케 합니다. 제 경험에 따른 솔직한 생각으로는 오히려 일한 만큼보다 훨씬 더 많이 받을 때가 많은 것 같습니다. 아마 일한 만큼도 받지 못한 세월을 오래도록 겪어온 까닭일 것입니다.

하지만 아직 자유롭지 못한 '월급 노예'의 신분으로 어쭙잖게 자유를 탐하다 보면 남는 것은 죽기 바로 직전까지 일을 해야만 살 수 있는 고달픈 인생뿐입니다.

똑같은 크기의 돈도 어떻게 투자하느냐에 따라 수익률이 달라지듯, 노동력 또한 어떻게 사용하느냐에 따라 생산성이 달라집니다.

일과 투자를 병행하라는 말은 회사에서 잘리지 않을 정도로만 대충 일하고 투자에 힘쓰라는 뜻이 아닙니다. 투자하는 돈만큼이나 인생과 시간을 투자하는 노동력 또한 그 가치를 최대한으로 끌어올려야만 '일한 만큼 받을 수 있는 경제적 자유'를 찾을 수 있습니다.

일과 삶의 균형, 즉 워라밸을 추구하다 보면 일과 삶 둘 모두를 놓칠 수도 있습니다. 경제적 자유를 찾는 목표하에서 워라밸은 '일과 투자의 균형'이라 할 수 있습니다. 이 두 가지에 전부 최선을 다해야만 원하는 삶을 얻게 되는 구조라는 사실을 기억해야 합니다.

> 그래서 결론은…
> **받는 만큼만 일하지 말고 받고 싶은 만큼 일하기를 바랍니다.**

받는 만큼 일하지 말고
일하는 만큼 받을 것

열심히 최선을 다하며 일하나, 대충 시간이나 때우며 일하나 월급은 똑같습니다. 받는 만큼만 일해야겠다는 생각이 들 수밖에 없는 이유입니다.

당연한 이야기지만 투자도 열심히 한다고 해서 성공하는 것은 아닙니다. 오히려 열심히 투자할수록 더 많은 돈을 잃는 일이 허다합니다. 100권의 책을 읽고, 고수의 강연을 듣고, 매일매일 경제 신문을 읽어도, 즉 열심히 투자를 위해 노력해도 이렇게 노력하지 않은 사람보다 수익률이 좋아진다는 보장은 없습니다.

하지만 열심히 하다 보면 경험이 쌓이고 투자 실력도 늘면서 성공할 가능성은 저절로 커집니다. 여기서 새겨두어야 하는 것은 '반드시 성공한다'가 아니라 '성공할 가능성이 커진다'는 표현입니다.

세상의 모든 일에는 '운'이라는 요소가 생각보다 크게 작용하기 때문에 똑같은 노력과 열심을 다하더라도 그 결과는 같지 않습니다. 그래서 확률과 가능성을 높이면서 최선을 다해 노력을 하다가 운이 더해질 때에야 비로소 원하는 바를 이룰 수 있는 것입니다. 씨를 뿌려야 열매를 얻을 수 있고, 낚싯대를 드리워야 고기를 낚을 수 있듯이 말입니다.

받는 만큼만 일하다 보면 경험과 실력은 더디게 쌓일 수밖에 없습니다. 승진이나 연봉 인상 같은 행운을 얻을 가능성도 낮아집니다.

사회초년생 시절, 저는 제시간에 퇴근해 본 적이 거의 없을 정도로 열심히 일했습니다. 하지만 '칼퇴근'을 하는 동료와 비교했을 때 월급이나 처우는 별 차이가 없었습니다. 열심히 일하지 않았지만 운이 좋았던 다른 동료가 더 빨리 승진하는 것을 지켜봐야 할 때도 많았습니다.

경험과 실력이 충분히 쌓이고 난 후에도 운 좋은 놈들을 쉬이 이겨낼 수는 없었습니다. 그렇게 일을 '열심히' 하다 보니 '잘'하는 지경에 이르렀을 때, 비로소 저는 받는 만큼만 일하기로 결심했습니다. 더 이상 쌓을 경험도 실력도 필요치 않았기 때문입니다.

칼퇴근은 기본이었고, "육신의 연기를 원하신다면 영혼은 집에 두고 오겠다"라고 말했던 어느 경험 만렙 배우의 이야기처럼 몸은 회사에 있지만 마음은 늘 콩밭에 둔 채로 하루 종일 아무런 일을 하지 않을 때도 많았습니다.

고기도 먹어본 놈이 잘 먹듯, 받는 만큼만 일하면 어떻게 되는지는 받는 만큼도 일하지 않았던 사람, 그러니까 제가 아주 잘 알고 있습니다.

그러던 어느 날, 일한 만큼 주지 않는 곳에 계속 있다가는 열심히 일해서 힘들게 쌓아온 경험과 실력까지 모두 잃을 수도 있겠다는 불안이 엄습해 올 즈음 문득 이런 생각을 하게 되었습니다.

'받는 만큼만 일할 수밖에 없는 이곳이 아니라 일한 만큼 받을 수 있는 곳을 직접 찾아가면 될 것 아닌가?'

나중에야 알게 된 사실이지만 세상에는 일한 만큼 받을

수 있는 곳이 차고도 넘칩니다. 굳이 받는 만큼만 일하면서 소중한 나의 시간과 청춘을 낭비할 필요는 없는 것입니다.

하지만 받는 만큼만 일하겠다는 생각에 갇혀 있는 사람들은 일한 만큼 받을 수 있는 곳을 찾아 떠나기를 주저합니다. 그러기에는 경험도, 실력도 부족하다는 것을 스스로가 가장 잘 알기 때문입니다. 이들은 일한 만큼 주는 곳에서는 자신 같은 사람을 필요로 하지 않는다는 것 역시 잘 알고 있습니다.

나의 돈을 투자할 때도, 내 노동력과 시간을 투자할 때도 열심히 한다고 해서 성공한다는 보장은 그 어디에도 없습니다. 앞서 말했듯 '잘'해야 할 뿐 아니라 '운'도 따라줘야 합니다. 그리고 잘하기 위해서는 최선을 다해야 합니다.

'월급은 돈과 나의 시간을 바꾸는 것'이라는 말이 있습니다. 여기서 말하는 '시간'은 일하는 시간뿐만 아니라 쉬는 시간과 자는 시간까지 모두 포함합니다. 일을 했으니 쉬어야 하고, 일하기 위해 잠을 자야 할 테니 말입니다. 그러니까 돈과 시간을 바꾸는 것이 아니라 '돈과 인생을 바꾸는 것'이라는 표현이 더 정확합니다.

받는 만큼만 일하면 돈과 바꾸는 것은 인생뿐만 아니라 경험과 실력을 쌓을 '기회' 즉 더 많은 돈을 벌 '가능성'이 됩니다.

사장님은 알고 있습니다. 내가 열심히 일해도 그것이 오롯이 회사를 위함이 아니라는 사실을 말입니다. 사장님 역시도 일 잘하고 능력 있는 직원이 일한 만큼 주는 곳으로 떠나버리는 경험을 켜켜이 쌓아나가고 있습니다. 내가 잘리지 않을 만큼만 일할 때, 사장님은 내가 그만두지 않을 만큼만 준다는 말에 공감할 수밖에 없는 이유입니다.

받는 것보다 더 열심히 일해야 하는 이유는 사장님에게 사랑받기 위해서가 아닙니다. 일한 만큼 받는 사람이 되기 위함입니다.

> 그래서 결론은…
> **열심히 일해도 월급이 오르지 않는 이유 대신**
> **월급이 오르지 않아도 열심히 일해야 하는 이유를**
> **찾아보기 바랍니다.**

수익이 보장되는
미라클 모닝

하루 단 30분 투자로 매달 월급의 10퍼센트 이상의 수익을 추가로 얻는 방법이 존재한다면 하시겠습니까? 월급이 200만 원이라면 20만 원, 300만 원이라면 30만 원 정도입니다. 1억 원짜리 상가의 월세 수익과 맞먹는 수준의 금액이니 이 정보를 그냥 지나치거나 무시하기는 어려울 것입니다.

방법은 매우 간단합니다. 회사에 출근을 할 때 정해진 출근 시간보다 30분 먼저 회사에 도착하는 것입니다.

"그러려면 잠을 덜 자야 하고, 회사에 있는 시간도 30분 더 늘어나게 될 텐데요?"

세상에 공짜는 없습니다.

"그럼 돈은 확실히 입금되는 건가요?"

안타깝게도 그렇지는 않습니다.

짧으면 1~2년 안에도 해당 수익에 맞먹는 급여 인상이나 그에 준하는 자기 발전이 있을 수 있지만 이보다 훨씬 더 오래 걸리는 경우도 많습니다.

"일찍 출근해 봤자 딱히 할 일도 없을 것 같은데요?"

좋은 질문입니다.

업무 개시 이전에는 커피를 마시거나 음악을 듣거나 영어 공부를 하거나 유튜브를 보는 등 원하는 그 무엇을 하든 그 누구도 관여하지 않을 것입니다. 하지만 다른 사람의 눈에는 근면 성실하게 하루를 준비하는, 앞으로 우리 회사를 이끌어나갈 싹수 있는 젊은 인재로 보일 것입니다. 팀장님과 부장님 그리고 사장님은 회사가 어려워져 누군가를 내보내야 할 때 당신을 최우선 순위에서 제외시켜 줄 것이며, 승진이나 연봉 인상 대상자를 선정할 때도 당신을 잊지 않을 것입니다.

"와! 말 그대로 '미라클 모닝'이 되겠네요."

그런데 문제는 이 전략이 생각보다 훨씬 실천하기 힘들다는 데 있습니다. 40~50대에는 절대로 통하지 않고 20~30대에만 통하는 전략인데, 이 시기에는 월급의 10퍼센트가 늘어나는 것보다 아침잠이 더 달콤하고 소중하기 마련이거든요.

"그런데 40~50대에게는 왜 안 통하나요?"

대부분이 이미 그 비밀을 알고 당연하게 생각하기 때문에 변별력이 줄어들어 그렇습니다. 출근 시간 30분 전에 회사에 도착하면 팀장님과 부장님이 늘 자리에 앉아 있는 모습을 볼 수 있는 이유입니다. 그리고 당신도 그들처럼 미라클 모닝을 실천한다면 인생에서 가장 투자 수익률이 높은 30분이 될 것입니다.

그래서 결론은…
지금 30분 덜 자면 나중에는 300분 더 잘 수 있습니다.

불로소득은
존재하지 않는다

돈을 소비하면 행복감을 얻는 대신 돈이 사라집니다. 반면 돈을 투자하면 불안을 얻지만 동시에 돈도 얻을 수 있습니다.

마찬가지로 노동을 소비하면 돈은 얻을 수 있지만 소중한 시간을 잃게 됩니다. 여기서 '노동을 소비한다'라는 말은 남을 위해 일하는 것을 의미합니다. 노동에 투입되는 시간과 그것으로 얻을 수 있는 돈이 비례하기 때문에 돈을 얻기 위해서는 노동을 멈추기가 어렵습니다.

반면 노동을 투자하면 당장의 돈은 보잘것없을지라도 시

간을 내 것으로 만들 수 있습니다. 노동을 투자한다는 것은 남이 아닌 나를 위해 육체적, 정신적 노동력을 투여한다는 의미입니다. 책을 읽고 자기계발을 하는 작은 일에서 시작해 블로그에 글을 쓰고, 유튜브에 채널을 열고, 온라인 쇼핑몰에서 내 사업을 시작하는 적극적인 활동까지 노동의 투자라고 할 수 있습니다.

피곤해서, 귀찮아서, 돈이 되지 않을 것 같아서 노동을 소비하느라 바빠 노동을 투자하기를 주저한다면 시간을 내 것으로 만드는 일은 그만큼 어려워집니다. 하지만 문제가 있습니다. 소비하는 노동력에도 열정이 필요하지만, 투자하는 노동력에도 열정이 필요하다는 것입니다.

회사에서 남을 위해 일한 반의반이라도 노동을 투자할 수 있다면 좋을 텐데, 나이가 들어갈수록 노동력이 바닥나 버리는 관계로 잘되지가 않는 것입니다.

노동력이 충만한 젊었을 때 투자해야 하는 것은 돈뿐만이 아닙니다. 노동력이 남아 있을 때 뭐라도 해야 한다는 이야기입니다.

돈으로 돈 버는 일에만 관심을 기울이다 보면 노동의 가치를 간과하기 쉽습니다. 저는 투자의 세계를 경험하고 나서 '불로소득'이라는 것은 애초에 존재하지 않는다는 사실을 알게 되었습니다. 주부들이 가사 노동을 하듯, 돈으로 돈 버는 일 역시 '투자 노동'이라 할 수 있습니다.

투자를 위한 정보 수집과 연구, 위험 부담과 불안감 등 정신적 고통까지 감안하면 투자라는 행위는 그 어떤 일과 견주어도 노동량이 상당합니다. 이 노동량은 자본의 크기와도 비례하는지라 투자 자산의 규모가 커지면 커질수록 더 강도 높은 노동량을 요구하기도 합니다.

워런 버핏의 말처럼 '잠자는 동안에도 돈이 돈을 벌게 하려면' 깨어 있는 동안에는 그만큼의 투자 노동이 필요합니다. 저는 이러한 깨달음의 끝에 불로소득이란 것은 존재하지 않으며, 이를 '자본소득'이라 부르는 것이 더 합당하다는 결론에 도달했습니다.

그런데 이 개념은 근로소득에도 동일하게 적용됩니다. 우리는 흔히 근로소득은 무자본소득이라 생각합니다. 하지만 자본소득에 비해 노동이 더 많이 필요할 뿐, 노동을 위해 필요한 자격을 획득하는 데도 시간과 비용이 소요된다는 점을 고려하면 자본이 필요하다는 사실은 다를 바 없습니다.

의사나 변호사 같은 직업으로 비교적 높은 근로소득을 얻기 위해서는 그만큼 많은 자본이 필요하듯 말입니다.

경제적 자유를 찾는 방법이 꼭 자본소득일 필요는 없습니다. 근로소득을 통해서도 시간을 내 것으로 만들 수 있습니다. 물론 이 두 가지를 병행할 수 있다면 효과는 배가 됩니다.

변동성이 큰 투자 대상을 이용해 자본소득을 얻기 위해서는 투자 노동의 양을 늘려야 합니다. 그러니 변동성이 크고 위험한 레버리지 상품에 투자하기보다는 안전한 배당주에 투자해야 투자 노동을 줄일 수 있습니다.

근로소득도 마찬가지입니다. 배달 라이더보다는 블로그 글쓰기나 유튜브 활동, 스마트스토어에서의 물건 판매가 더 자유로운 노동입니다.

수익이야 레버리지 상품 투자나 배달 라이더가 더 많을 수 있지만, '경제적 자유'와는 거리가 있다는 뜻입니다.

> 그래서 결론은…
> **투자 노동은 줄이고 노동 투자를 늘리는 것이**
> **경제적 자유로 향하는 지름길입니다.**

멍청한 지시도 따르라,
단 영리하게

'까라면 까야지.'

제가 군대에서 배운 일하는 자세입니다. 군대에서는 멍청하고 한심한 선임의 지시라도 까라면 까야 합니다. 대한민국 최고 명문대를 졸업한 수재라 할지라도 한 달 먼저 입대했다는 별 시답잖은 이유로 고등학교를 중퇴한 꼴통 선임의 지시에 까라면 까야 합니다.

비단 군대에서만 일어나는 불합리한 일이 아닙니다. 나보다 먼저 회사에 입사한 멍청한 상사는 그 어디에나 존재하니까요. 문제는 그런 멍청한 상사의 지시도 따라야 하느냐는 것입니다. 이에 대한 반응은 크게 두 가지입니다. '에휴, 그냥 시키는 대로 해야지. 내가 무슨 힘이 있어'라는 체념과 "저는 그렇게는 못 하겠습니다"라는 반발입니다.

이 둘 중에는 최상의 선택이 없습니다. 전자의 방법은 다함께 멍청해지는 길입니다. 후자의 방법은 조직의 시스템을 와해시키게 되어, 자칫 '바이러스'로 오인을 받아 제거 대상 1순위가 될 수도 있습니다.

최상의 선택은 이것입니다. 까라면 까되 '잘' 까는 것입니다.

음료수를 만드는 회사에서 여름 신제품 출시 계획을 세웁니다. 김 대리는 시장과 트렌드를 조사해 보았고, 요즘은 탄산음료보다는 과일음료의 선호도가 높다는 사실을 알게 되었습니다. 그런데 멍청한 팀장은 어렵게 준비한 자료는 싹다 무시하고 본인의 감대로 탄산음료를 만들자고 합니다.

하라는 대로 했다가는 승진 대상에서 제외되어 옆 팀 얄미운 동기 녀석에게 뒤처지게 될 것이 빤합니다. 그렇다고 무식한데 고집까지 센 팀장에게 반기를 드는 것은 자살행위나 다름없습니다. 그래서 '시키는 대로 하되 잘해보자'라고 마음먹고는 절충안을 마련합니다.

얼마 후 '과일 맛 탄산음료'는 대박이 나고, 이 팀장과 김 대리는 동반 승진을 합니다. 극단적이고 작위적이기는 하지만 '까라면 까되 잘 까는 것'에 대한 예시입니다.

팔로어십을 '까라면 까는 것'으로 착각하면 안 됩니다. 경험 많고 실력 있는 리더를 그저 따르기만 하면 되는 행운은 현실에서는 생각처럼 잘 주어지지 않습니다.

세상에는 멍청하고 한심한 리더가 훨씬 많습니다. 실제로는 나보다 뛰어난 리더라 할지라도 왠지 모르게 한심해 보이는 것이 일반적입니다. 그래서 팔로어십을 발휘하는 일이 어렵습니다. 따르고 싶게 행동을 해줘야 따르는 척이라도 좀 할 텐데, 마냥 한심해 보이기만 하니 말입니다.

하지만 이 어려움을 극복해 내면 보다 밝은 미래가 당신을 기다리고 있을 것입니다.

> 그래서 결론은…
> **한심하고 실패할 가능성이 큰 지시라도**
> **결국 모가 될지 도가 될지는 내 행동에 달렸습니다.**

돈을 벌게 해주는 모두가
나의 손님이다

기껏해야 회사 앞 중국집이나 설렁탕집에서 매일 똑같은
메뉴로 점심을 때워야 했던 그때는 보이지 않았습니다. 하
지만 경제적 자유를 찾고 여기저기 맛집을 돌아다니다 보니
눈에 보이기 시작합니다. 손님으로 바글거리는 '돈 잘 버는'
식당들의 공통점 말입니다.

맛, 청결, 신속 등 여러 이유가 있었지만 특히나 눈에 띄
었던 것은 '친절'이었습니다. 친절한 인사는 기본이었고, 앞
접시나 반찬 등을 찾을 때면 몸에 밴 친절도 함께 따라왔습
니다. 어떤 곳은 부담스러울 정도여서 식사 후에 설거지에

준하는 그릇 정리까지 하고서 식당을 나오기도 했습니다.

'그래, 맞아. 나도 이왕이면 친절하게 손님을 대해주는 식당에 가게 되더라.'

이런 생각을 하고 있다면 스스로에게도 질문을 한번 해봐야 합니다.

'그러는 나는? 나는 나의 손님들에게 친절한 사람일까?'

식당이 손님에게 친절해야 하듯 나도 내 손님, 그러니까 '내가 돈을 벌 수 있게 해주는 사람'에게 친절해야 합니다.

돈이 많아질수록 내가 남에게 친절해야 하는 일보다는 남이 나에게 친절해야 하는 일이 많아집니다. 이 말을 뒤집어서 생각하면 돈이 적을수록 남에게 친절해야 하는 일도 많아진다고 할 수 있습니다. 돈도 없으면서 불친절하기까지 하면 죽을 때까지 평생 동안 친절을 강요당하며 살게 된다는 의미이기도 합니다.

"저는 손님들을 대하는 일을 하지 않는데요? 그냥 일반 사무실에서 일하고 있어요."

앞서 이야기했지만 '나에게 돈을 벌 수 있게 해주는 사람'은 모두 손님입니다. 팀장님도 부장님도 사장님도 모두가 나의 손님이라는 말입니다. 함께 일하는 동료와 선배와 후배, 거래처 사장님, 퀵서비스 기사님, 사내 청소원까지도 내가 회사에서 월급을 받게 해주는 나의 손님이라 할 수 있습니다.

'작가님의 투자 경험과 노하우 덕분에 마음 편한 투자를 하면서 돈도 벌 수 있게 되었어요.'

혹시 이런 생각이 들었다면 저에게도 친절해 주시기 바랍니다. 제가 누군지도 모르는 여러분에게 친절하게 대하는 이유도 이와 다르지 않습니다. 여러분도 저에게는 돈이 되는 손님이기 때문입니다. 블로그의 광고 수익도, 책의 인세도 제 글을 읽어주는 손님들 덕분에 생기는 돈입니다.

이런 생각을 하다 보면 나만 보면 못 잡아먹어 안달이 난 1년 선배 김 대리에게도 친절해야겠다는 마음이 듭니다. 그가 갑질은 심하지만 단골손님인 '돈'으로 보이기 시작할 테니까요.

> 그래서 결론은…
> **지금 친절해야 하는 이유는**
> **그래야 나중에 친절하지 않아도 되기 때문입니다.**

김 부장의 아부가
눈꼴시게 느껴질 때

'말 한마디에 천 냥 빚을 갚는다.'

말을 잘하면 돈이 된다는 옛 선조들의 경험과 노하우가 담긴 소중한 격언입니다.

"사장님, 나이스!"

하지만 이렇게 사장님께 '아부'하는 김 부장의 행태는 꼴값으로만 보이고 도저히 참을 수가 없습니다. 지금 말 한마디로 야무지게 돈을 벌고 있는 부장님의 '실전 맨투맨 특별 과외'가 진행 중이라는 것도 모르고 말입니다.

김 부장도 사장님의 '아재 개그'가 배를 잡고 눈물까지 찔끔 흐를 만큼 웃기지는 않을 것입니다. 단지 김 부장은 그게 돈이 된다는 것을 잘 알고 있고, 당신은 그렇지 않을 뿐입니다.

일도 못하고 '안' 하기까지 하면서 아부만 하는 사람들이 있기는 합니다. 하지만 아부만으로도 그 자리에 올랐다면 적어도 그에게 아부 잘하는 법 정도는 배울 만하다고 할 수 있습니다.

상상해 보세요. 일을 잘하는데 아부까지 잘한다면 과연 어디까지 올라갈 수 있을까요?

이때 놀라운 건 사장님도 그게 마음에도 없는, 그저 아부라는 사실을 잘 알고 있다는 것입니다. 사장님을 지금의 자리까지 올라가게 해준 아주 중요한 무기 역시 아부였을 테니 말입니다.

이심전심. 사장님은 아부가 '절실한 마음에서 비롯된 최선을 다하는 자세'임을 누구보다도 경험으로 잘 알고 있습니다. 그래서 연신 생글거리며 아부를 하는 김 부장이 옆에서 멀뚱멀뚱 똥 씹은 표정으로 앉아 있는 최 부장보다 더 좋게 보이는 것입니다.

사실 지금도 사장님은 거래처 박 회장님과 골프장에 가면 마음에도 없는 말을 외칩니다.

"회장님, 나이스!"

그리고 박 회장님도 그것이 김 사장의 아부라는 것을 잘 알고 있습니다.

'아부는 생존을 위한 전략적 칭찬이다'라는 말이 있습니다. 회사에는 거래처를 상대로 아부하는 비용으로 '접대비'라는 회계 항목이 버젓이 존재할 정도입니다. 접대비의 회계적 정의를 살펴보면 '회사의 업무와 관련하여 접대, 교제, 사례 등의 명목으로 거래처에 지출한 비용이나 물품'이라고 되어 있습니다.

기업이 이윤 추구를 위해 일종의 뇌물이라고도 할 수 있는 접대비를 사용하며 '아부'를 하는 행위와 개인이 이윤 추구를 위해 "사장님, 나이스!"를 하는 행위는 과연 다른 일일까요?

실력도 없고 눈치만 살피며 아첨에만 능한 동료나 선배는 승승장구하는데, 묵묵히 자기 일을 해내지만 듣기 좋은 말보다 회사에 도움이 되는 바른말을 하는 바람에 상사에게 미움을 사 승진 대상에서 누락된 선배를 보면서 우리는 이렇게 수군대고는 합니다.

"정의는 사라졌다!"

저 역시도 그랬습니다. 김 부장은 '실력'이 아니라 멀리서도 사장님을 알아보고 달려나가 90도로 인사할 수 있는 '시력'으로 그 자리에 오른 것이라고 말입니다.

하지만 아부를 해야 생존할 수 있는 위치에서 아부를 당하는 위치로 올라가 보니 아부의 이면을 알아볼 수 있게 되었습니다. 그리고 비슷한 실력을 갖추고 비슷한 성과를 보였다면 무뚝뚝한 강 대리보다는 매사에 최선을 다하는 자세의 사근사근한 유 대리에게 과장 승진의 기회를 주게 되더란 말입니다. 거래처 김 사장과의 계약을 성사시키라는 미션을, 회사의 두둑한 접대비까지 손에 쥔 유 대리가 해내지 못할 리 없으리라는 기대를 하면서 말입니다.

고기도 먹어본 놈이 잘 먹습니다. 실력도 성과도 없이 하는 빈 깡통 같은 아첨인지, 최선을 다하려는 마음에서 나오는 아부인지 가려내려면 미리미리 경험해 두는 것도 좋다는 이야기입니다.

이쯤 되면 인사 잘하고, 친절하고, 아부도 잘하는 김 부장이 다르게 보이기 시작할 것입니다.

그래서 결론은…
지금까지 직장에서 살아남기 위한, 아니,
자본주의 생존 전략 직장 생활 편이었습니다.

꼰대와 자본주의의
상관관계

'젊은이'의 반대말은 '꼰대'입니다. 현실에서 젊은이는 자신과 생각도, 철학도, 삶을 대하는 태도와 방식도 다른 꼰대들이 원하는 일을 좋든 싫든 해야만 합니다. 이유는 명료합니다. 젊은이의 승진, 연봉 인상, 미래까지 꼰대들의 뜻대로 결정되기 때문입니다.

"인사만 잘해도 사회생활 절반은 먹고 들어가는 거야!"

전형적인 꼰대의 근거 없어 보이는 주장입니다. 이 말은 사실일까요?

잘은 몰라도 한 가지 명백한 사실이 있습니다. 저런 말을

116

하는 꼰대가 내 직장 상사라면 적어도 그에게만큼은 인사를 잘하는 것이 유리합니다. 어찌 보면 단순한 처세술이라 할 수 있습니다.

짝사랑하는 그녀의 일기장을 훔쳐볼 수 있다면 그녀가 어떤 스타일의 옷을 입는 남자를 좋아하는지, 어떤 음식을 먹으러 가자고 해야 하는지 알 수 있을 텐데, 그래야 그녀의 마음을 얻을 수 있을 텐데 그럴 수 없으니 안타깝습니다.

하지만 아주 다행스럽게도 꼰대의 마음을 얻기 위해서는 일기장 따위를 훔쳐볼 필요가 없습니다. 그들은 자신의 속마음을 아무런 여과 없이, 귀가 아프도록 입 밖으로 뱉어내는 것이 버릇이자 취미이기 때문입니다.

이제 젊은이가 해야 할 일은 아주 간단해졌습니다. 꼰대가 하는 말을 가만히 귀담아 듣고 있다가 그가 원하는 대로, 그냥 딱 그대로만 해주면 됩니다. 그러면 꼰대도 마음의 문을 활짝 열고 '음… 아주 훌륭한 친구로군' 하며 밝은 미래와 돈을 보장해 줄 것입니다. 하지만 반대로 하면 더욱 더 꼰대스러운 잔소리와 함께 당신의 밝은 미래와 돈도 앗아가 버릴 것입니다.

꼰대가 나에게 원하는 것이 옳은지 그른지 따위는 전혀 중요치 않습니다. 총을 든 강도가 "손 들어! 움직이면 쏜다!"라고 말했을 때 손도 들고 움직이지도 않아야 살아남을 가능성이 5만 8000퍼센트 높아지는 것과 비슷한 일입니다.

'내가 왜 손을 들어야 하지? 난 움직이는 게 더 좋은데 지금 뭐라는 거야?'

이런 합리적이고 주관적인 생각이나 말을 했다가는 다른 사람보다 훨씬 더 빨리 죽을 것입니다.

한 가지 다행인 것은 모든 꼰대의 말에 귀 기울일 필요가 없다는 겁니다. 나에게 직접적인 영향력을 끼칠 수 있는, 이를테면 팀장님이나 부장님이나 사장님 같은 꼰대들만 잘 커버하면 됩니다.

이번 글에서 한 이야기를 요약해 보면 이렇습니다.

1. 꼰대의 말을 들어본다.
2. 그 꼰대가 내 삶에 영향을 끼치는 사람이 아니라면 속으로 '뭐래' 하며 무시한다.
3. 그 꼰대가 내 삶에 영향을 끼치는 사람이라면 그냥 원

하는 대로 해준다.

이 역시 40~50대가 되면 자연스럽게 알게 되는, 자본주의 사회에서 생존 가능성을 높여주는 공공연한 비밀이지만, 젊을 때는 잘 모르기 마련입니다. 결국 우리 회사 김 부장이 사장님 말씀이라면 끔뻑 죽는 이유가 다 있었던 것입니다.

> 그래서 결론은…
> **인사만 잘해도**
> **연봉의 10퍼센트를 추가로 얻을 수 있습니다.**

당신은 절대 그 회사의
주인이 될 수 없다

"저는 조직에서 배신을 당했습니다. 30년 동안 '내 회사처럼' 헌신을 다해 일했지만 그 끝은 '그동안 수고 많으셨습니다'라는 형식적 인사와 기껏해야 3년 정도 버틸까 말까 한 퇴직금이 전부였습니다."

무엇이 문제였을까요? 내 회사가 아닌데도 내 회사처럼 생각한 게 가장 큰 문제가 아니었을까요? 좀 더 정확히는 '나는 한낱 부품에 불과하다'라는 생각을 너무 늦게 한 것이 원인이라 할 수 있습니다.

'내가 없으면 이 회사는 제대로 돌아가기 어려울 거야.'

이런 생각이 든다면 지금 당장 그 회사에서 탈출해야 합니다. 부품 하나가 사라진다고 대체할 부품도 없이 제대로 작동하지 않는 조직력과 시스템의 회사라면 멀쩡하지 않은 회사임이 분명할 테니까요.

사장님은 직원들에게 '주인의식'을 강요하기도 합니다. 내 회사처럼 열심히 일하라는 것입니다. 하지만 배당일에 배당을 가져가는 것은 주인의식을 가지고 열심히 일한 당신이 아니라 주주명부에 회사의 주인임이 법적으로 등재되어 있는, 그동안 아무 일도 하지 않은 주주들입니다.

너무 불공평한 것 아니냐고요?

회사가 망하면 당신은 아무런 손실 없이 퇴직금을 두둑하게 챙겨서 또 다른 회사의 새 부품이 될 수 있습니다. 하지만 주주들은 투자한 돈을 모두 잃고 길바닥에 나앉기도 합니다.

이게 바로 자본주의가 굴러가는 방식입니다.

만약 내가 지금 하는 일이 너무나도 즐겁고 우리 회사의 미래가 무척이나 밝게 느껴진다면 '내 회사처럼'이 아닌 '내 회사'로 만들어보기를 추천합니다.

우리 회사가 상장사라면 그 방법은 매우 쉽고 간단합니다. 증권사 MTS에 접속해 주식을 사면 됩니다. 상장사가 아니라면 더 좋을 수도 있습니다. 인사팀으로 연락해 이렇게 말하는 겁니다.

"우리 회사의 주식을 사고 싶습니다."

운이 좋으면 사장님과의 개인 면담 시간이 주어지게 될 것이고, 당신은 앞으로 일하는 동안 그 누구에게도 '주인의식'을 의심받지 않게 될 것입니다.

"그럼 얼마 정도를 투자하면 될까요?"

이렇게 묻는다면 연봉의 20퍼센트 정도가 적당할 듯합니다. 상장사가 아니라면 투자금을 회수할 가능성이 현저하게 낮기 때문에 너무 큰 금액을 투자하는 것은 위험합니다. 하지만 이 정도 수준의 금액이라면 승진이나 연봉 인상 등의 다른 형태로 충분히 회수가 가능할 것입니다.

"투자금이 너무 작아서 투자를 받을 수 없다고 하면요?"

주인이 될 수는 없지만 팀장님도 부장님도 사장님도 충성도가 높은 직원이라며 당신을 신뢰하게 될 것입니다.

열심히 일한다고 해서 회사의 주인이 될 수는 없습니다.
조금 더 성능 좋은 부품이 될 뿐입니다. 주인이 아니면서 주
인의 권리를 요구하면 오히려 제거하고 교체해야 하는 고장
난 부품 취급을 받을 뿐입니다.

> 그래서 결론은…
> **주인의식을 가지고 일하면 결국은 회사의 주인이…**
> **주는 퇴직금을 받게 됩니다.**

값지고 구하기 어려운
부품이 될 것

회사를 이루는 한낱 부품에 불과한데도 최선을 다해 열심히 일해야 하는 걸까요? 결국에는 교체되거나 버림받을 텐데 말입니다.

그런데 부품에도 '급'이라는 게 존재합니다. PC에는 CPU나 GPU, 메모리 같은 핵심 부품도 있고 나사나 쿨링팬, 키보드나 마우스 같은 소모성 부품도 존재합니다.

나사가 하나 빠졌거나 마우스가 고장 났다고 해서 PC 전체를 바꾸는 바보는 없습니다. 하지만 메모리 같은 고급 부품은 PC가 고장 나서 새로운 PC로 바꾸게 되더라도 그대로 살아남아 새 PC의 핵심 부품이 되기도 합니다.

심지어 CPU나 메인보드 같은 고가의 부품이 고장 나면 해당 부품만 교체하는 것보다 PC 전체를 바꾸는 게 더 나을 때도 있습니다. 범퍼가 깨진 자동차는 수리하면 그만이지만, 엔진이 고장 난 차는 폐차해야 하는 것과도 비슷합니다.

부품마다 저마다의 가치와 쓰임새 그리고 중요도가 다르다는 이야기입니다. 그러니 주인의식을 가지고 일해도 회사의 주인은 될 수 없다는 말을 어차피 내 회사도 아니니 대충 일해도 된다는 뜻으로 오해해서는 안 됩니다.

주인이 아니면서 주인의 권리를 행사하려 해서는 안 된다는 말이지, 최선을 다해 열심히 일할 필요가 없다는 말이 아닙니다.

'약은 약사에게, 진료는 의사에게.'

직원이 가져야 할 마인드는 주인의식이 아니라 직원 의식입니다. 부품이면 부품답게 부품으로서 해야 할 일을 잘 해내면 되는 것입니다. 고급 부품이 되기 위한 경험과 노하우를 쌓아가고 발전해 나가면서 말입니다.

수술실에 들어간 의사와 간호사가 있습니다. 수술이라는

행위에 주가 되는 것은 '집도'라 부르는 일을 하는 의사입니다. 그런데 수술을 돕는 역할의 간호사가 메스를 달라고 해도 대충, 실을 달라고 해도 대충, 그러다가 본인이 직접 집도까지 하려고 한다면 어떻게 될까요?

물론 세상에는 의사보다 더 나은 판단과 의사결정을 할 수 있는 경험 많고 실력 좋은 간호사도 많습니다. 하지만 수술의 결과를 책임져야 하는 의사는 본분을 망각한 실력 있는 간호사보다는 자신의 판단과 결정대로 수술이 원활하게 진행될 수 있도록 최선을 다하는 간호사를 더 선호할 것입니다.

리더에게 리더십이 필요한 만큼 팔로어에게는 리더십이 아닌 팔로어십이 필요하다는 이야기입니다.

의사에게 필요한 사람이 또 다른 의사가 아닌 간호사이듯, 사장님에게 필요한 사람은 직원 역할을 충실히 해낼 수 있는 사람입니다. '나는 왜 이 회사의 주인이 아닌 부품일 뿐인가'를 고민할 것이 아니라 '어떻게 해야 핵심 부품이 될 수 있는가'를 고민해야 합니다.

용의 꼬리보다는 뱀의 머리가 낫지만 잘려 나가더라도

재생 가능한 도마뱀의 꼬리가 되어서는 곤란합니다.

스스로 부품임을 인정하지 못하거나 어차피 주인이 될 수 없으니 대충 일해도 된다는 생각을 하면, 귀한 대접을 받는 핵심 부품이 아닌 값싸고 쉬이 교체되는 소모성 부품이 됩니다. 그리고 낡고 고장 나, 아니 늙고 병들어 교체조차 할 수 없는 시기가 오면 그대로 폐기 처분되고 말 것입니다.

비록 부품일 뿐이지만 열심히 일해야 하는 이유는 핵심 부품이 되기 위함입니다. 핵심 부품이 되기 위한 노력의 과정에서 쌓인 경험과 노하우는 '내일'의 그리고 '내 일'의 주인이 될 자격과 기회를 줍니다.

> 그래서 결론은…
> **지금은 주인이 된 사장님들도**
> **과거에는 대부분 어딘가의 한낱 부품에 불과했습니다.**

부자는 어떻게
시간을 돈으로 바꾸는가

회사는 언제든
당신을 버릴 준비가 되어 있다

회사에 다니는 게 재미있다면 좋아하는 일을 하면서 돈도 벌 수 있으니 경제적 자유를 찾았다고 생각할 수 있습니다. 하지만 그런 생각은 개나 줘버리기 바랍니다. 안타깝게도 그것은 경제적 자유를 찾은 게 아닙니다. 회사에 다니는 게 아무리 재미있어도 한 가지 조건이 더 충족되어야 합니다. 바로 자의가 아닌 타의로 더 이상 회사를 다니지 못하는 상황이 일어나지 않아야 한다는 것입니다.

이런 의미에서 어느 정도 자리를 잡은 회사의 오너들은 죽을 때까지 열심히 일하는 것이 재미있을 가능성이 크고 타의로 회사를 다니지 못하게 될 가능성은 대단히 낮기 때문에 경제적 자유를 이루었다고 할 수 있습니다.

저 역시도 회사에 다니는 게 재미있던 시절이 있었는데, 제 의지가 아닌 타의로 지속되지 못했습니다. 심지어 제 능력이 제 자리를 원하는 경쟁자보다 뛰어난 게 이유였습니다 (물론 저만의 착각일 수도 있지만요).

기업의 입장에서 보면 육체노동이든 정신노동이든 인간의 노동력은 가성비가 중요합니다. 20대 직원이 더 힘이 세고 쉽게 지치지도 않는데 60대 직원에게 더 많은 급여를 줘야 한다면 기업은 가성비가 좋지 않다는 이유로 60대 직원을 정리하고 싶어 할 것입니다. 비슷한 맥락으로 아이디어 넘치고 열정적이기까지 한 30대 직원이 매너리즘에 빠져 고루한 사고방식으로 조직을 경직시키는 50대 꼰대보다 더 가성비 좋은 노동력을 제공한다고 생각할 것입니다.

지금 회사 일이 재미있다면 회사가 당신의 노동력을 가성비가 좋다고 인정해 주기 때문일 가능성이 큽니다. 노동력의 가치가 줄어들었을 때도 동일한 대우를 받으며 재미있는 회사 생활을 할 수 있을지는 미지수라는 이야기입니다.

회사와 월급은 경제적 자유를 찾는 과정에서 매우 유용한 수단이자 도구임에 분명합니다. 하지만 부지불식간에 사라질 수도 있다는 데 문제가 있습니다. 회사와 평생 함께하고 싶다 해도 회사는 언제든 변심할 수 있음을 알아야 합니다. 그 재미있었던 회사가 자존감을 끌어내리는 지옥으로 변하는 것 역시 한순간입니다.

거의 100퍼센트의 확률로 버림받을 게 분명한데도 당장 재미있다는 이유로 미래를 대비하지 않는다면 실제로 그 일이 일어났을 때의 충격은 상상을 초월할 것입니다.

얼마 전 오랜 기간 대학교 교수로 있다가 정년퇴임을 하게 된 친척 어른께서 이렇게 한탄하는 것을 들었습니다.

"퇴임 후에도 돈을 벌어야 하는데 걱정이야. 나처럼 일도 편하지 않고 연봉도 높지 않았던 다른 친구들은 오래 전부터 이미 준비를 하고 있었더라고…. 지금에 와보니 그건 축복이 아니라 저주였어."

> 그래서 결론은…
> **버림받기 전에 먼저 버리려면 미리미리 준비를 해야 합니다.**

경제적 자유에 적합한 노동은
무엇인가

노동은 육체노동과 정신노동으로 구분할 수 있습니다. 노동은 자본에 비해 효율성은 떨어지지만 누구나 손쉽게 영위해 소득을 얻을 수 있다는 장점을 지니고 있습니다. 보통 자본력은 없더라도 노동력은 가지고 있을 테니 말입니다.

하지만 안타깝게도 노동력은 시간이 지나면서 점점 가치가 줄어듭니다. 24시간 일할 수 있는 노동력을 가지고 있다면 하루 8시간 일하는 사람보다 세 배는 더 많은 소득을 얻을 수 있지만, 노동력이 쇠하기 시작하면 기대소득도 낮아집니다. 그런데 노동력의 감소는 정신노동보다 육체노동에서 훨씬 더 빠르게 일어나며, 노동력을 필요로 하는 시장에서도 이를 잘 알고 있습니다.

체력이 업무에 그리 큰 영향을 미치지 않을 것 같은 편의점 아르바이트 직원을 채용할 때조차 60대보다는 20대를 더 선호합니다. 어렵고 복잡하게 설명했지만 한마디로 '젊을 때 일하는 게 더 효과적'이라는 이야기입니다.

육체적으로나 정신적으로나 컨디션이 가장 좋은 청년기에는 가능한 한 많은 소득을 얻을 수 있는 방향을 선택하는 것이 합리적입니다. 워라밸을 동경하며 유한한 노동력을 무한하다고 착각하며 낭비하기보다는 부업으로 배달 라이더라도 해서 노동으로 얻는 소득을 극대화하는 것이 효과적일 수 있습니다. '젊어 고생은 사서도 한다'라는 말은 '팔 수 있을 때 팔라'는 말이기도 한 것입니다.

하지만 나이가 들고 노동력이 쇠해 시장에서 가치를 인정해 주지 않게 되면 이야기가 달라집니다. 시장은 나이는 숫자에 불과하다는 말에 '그건 네 생각이고'라는 말로 일축합니다.

경제적 자유를 누리기 위해서는 노동력의 투입량을 최소

화해야 하는데, 가치가 하락해 버린 노동력으로는 그럴 수가 없습니다. 젊은 시절에는 8시간만 일해도 300만 원을 벌 수 있었지만 나이를 먹으면 16시간을 일해도 100만 원밖에 벌 수 없는 것입니다.

그나마 한 가지 다행인 점은 정신노동은 육체노동에 비해 그 수명이 훨씬 더 길다는 것입니다. 정신노동에 대한 시장의 가치는 지식이나 경험이 더해질 경우 오히려 더 높게 평가되기도 합니다.

현역 운동선수는 육체노동의 가치로, 감독이나 코치는 정신노동의 가치로 평가하는 것은 그 사례 중 하나라 할 수 있습니다. 이 현상은 경제적 자유에 더 적합한 노동은 육체노동이 아닌 정신노동이라는 사실을 보여줍니다. 나이가 들어서도 노동으로 소득을 만들어내는 데는 몸을 단련하기보다 책을 읽는 것이 더 효과적일 수 있다는 말입니다.

물론 건강한 육체에 건강한 정신이 깃들기 때문에 건강을 유지하려는 노력도 해야 하지만, 이 또한 정신노동을 위한 보조적 수단일 뿐 건강 그 자체의 가치를 시장에서 인정받기란 결코 쉽지 않은 일입니다.

또한 육체노동은 소비로서는 그 가치를 인정받기가 비교적 쉽지만 투자를 하기에는 그리 적합하지 않습니다. 반면 정신노동은 경험과 노하우가 쌓여감에 따라 투자에서 점점 더 가치가 증가합니다. 그러니 경제적 자유를 위해 노동을 투자한다면 배달 라이더보다는 글쓰기 같은 정신노동이 장기적으로는 더 유리한 선택일 것입니다.

> 그래서 결론은…
> **젊었을 때는 육체와 정신이 맞벌이를 해야 하고,**
> **나이가 들면 돈과 정신이 맞벌이를 해야 합니다.**

한 번에 달성할 수 있는
목표는 없다

매일 자신의 집 앞에서 시끄럽게 떠들어대는 아이들에게 할아버지가 이렇게 말합니다.

"혼자 지내기 적적했는데 너희들이 이렇게 우리 집 앞에서 떠들고 놀아주니 참 고맙구나. 그 대가로 매일 올 때마다 용돈을 주마."

아이들은 이게 웬 떡이냐며 매일매일 할아버지의 집 앞에서 신나게 놀며 떠들어댔고, 용돈까지 챙길 수 있었습니다. 그런데 얼마 후 할아버지가 용돈을 주지 않기 시작했습니다. 그러자 아이들도 실망하며 다른 곳으로 가버렸습니다. 할아버지는 비록 돈과 시간을 들였지만 원하는 목표를 달성할 수 있었습니다.

투자의 목표는 돈을 버는 것입니다. 이 목표를 달성하기란 그리 쉽지 않습니다. 실패하고 실망감이 쌓이다 보면 중간에 포기하게 되는 경우도 많습니다. 하지만 투자의 목표를 조금 다르게 설정하면 포기하지 않을 가능성도 커집니다. 목표의 대상을 '전체'로 보는 것이 아니라 '일부'로 보는 것입니다.

하나의 종목에 투자해 수익을 얻기는 어렵지만 일곱 개의 종목에 나누어 투자해 그중 하나의 종목에서 수익을 얻는 것은 비교적 쉬운 일입니다. 또 하루 만에 투자 수익을 얻기는 어렵지만 일주일 동안 일곱 번 나누어 투자해 그중 하루 동안 수익을 얻어내기는 비교적 쉽습니다. 큰 목표를 한 번에 달성하기보다는 작은 목표로 나누어 조금씩 달성해나가는 것이 더 수월하다는 얘기입니다.

사실 우리는 이런 구조를 잘 알고 있습니다. 다이어트에 도전해 한 달 동안 10킬로그램을 줄이기는 어려운 일입니다. 하지만 한 달에 1킬로그램씩 열 달에 걸쳐 총 10킬로그램을 감량하기란 그리 어렵지 않습니다.

좋은 대학에 가는 목표를 달성하기 위해서, 좋은 직장에 취업하는 목표를 위해서 필요한 것과 성공적인 투자라는 목표를 달성하기 위해 필요한 것은 별반 다르지 않습니다. 하지만 우리는 투자를 위한 일에 돈과 시간을 들이는 데 인색하고 전략을 세우는 일에도 관심을 두지 않습니다. 이것이 바로 투자에 실패하는 사람들이 많은 이유입니다.

> 그래서 결론은…
> **작은 목표를 계속 성취해 나가세요.**

해도 되는 투자,
하면 안 되는 투자

'해도 되는 투자'는 일반적이고 평범한 사람들도 돈을 벌 수 있는 투자를 말합니다. 반대로 '하면 안 되는 투자'는 실력 있고 경험 많은 사람들만 돈을 벌 수 있는 투자를 말합니다. 경매의 고수들은 서울에서 실거주 아파트를 경매로 사는 것은 '해도 되는 투자'라고 합니다. 하지만 권리 구조가 복잡한 특수 물건 경매는 '하면 안 되는 투자'라고 말합니다.

"너는 특수 경매로 큰돈을 벌었다며!"

이런 반응이 따라올 수 있다는 걸 알지만, 그럼에도 일반적이고 평범한 사람에게는 위험한 투자이기 때문에 권하지 않는 것입니다. 이런 관점으로 볼 때 제가 생각하는 해도 되는 투자는 서울 아파트를 비롯해 달러, 엔화, 우량 배당주, 미국 월배당 ETF, 리츠 그리고 공모주 청약 정도입니다. 하면 안 되는 투자는 코인, 3배 레버리지 ETF, 소형 테마주, 신도시 상가 정도가 있습니다.

"저는 코인으로 돈 벌었는데요?"

이런 말에 대한 제 대답은…

"저는 카지노 블랙잭으로 돈 벌었어요"입니다.

위험한 투자로는 돈을 벌 수 없다는 게 아닙니다. 일반적이고 평범한 사람은 돈 벌기 힘드니 하면 안 되는 투자라 표현하는 것일 뿐, 코인이나 3배 레버리지 ETF가 돈이 되지 않는다는 뜻은 아니라는 이야기입니다. 문제는 이런 투자에 대해 경험이 많지 않은 초보자들이 들었을 때입니다.

'코인으로 돈을 벌었다고? 그럼 나도 해봐야겠어.'

'3배 레버리지 ETF에 투자해서 괜찮은 수익을 얻었다고? 그럼 나도 해볼까?'

매일 아침 조깅을 하면 다이어트에 효과가 있다는 말을 듣고 따라 해보는 것은 큰 문제가 아닙니다. 하지만 암벽 등

반을 하고 몸과 마음의 평안을 얻었다는 말을 듣고 섣불리 따라 했다가는 죽을 수도 있습니다.

우리가 스캘핑으로 큰돈을 벌었다는 고수 트레이더보다 30년 동안 우량주에 장기 투자해 경제적 자유를 찾았다고 말하는 사람의 말에 더 귀 기울여야 하는 이유는 '가능한 일'과 '할 수 있는 일'은 비슷해 보이지만 미묘한 차이가 있기 때문입니다.

실력 있고 경험 많은 투자자라면 비트코인이나 3배 레버리지 ETF에 투자하는 것도 좋은 투자가 될 수 있습니다. 하지만 일반적이고 평범한 투자자, 특히 초보 투자자라면 위험한 투자는 멀리하는 게 좋습니다.

> 그래서 결론은…
> **도박을 하지 말라는 데 이유가 있듯**
> **위험한 투자를 멀리하라는 데에도 이유가 다 있습니다.**

수익률보다는
생존율

"S&P500에 투자해 놓고 가만히 들고만 있었어도 어쩌고저쩌고…."

투자의 고수에게나 가능한 일입니다. 평범한 사람에게는 남의 나라 이야기일 뿐입니다. 대부분의 사람은 투자를 해 놓고 가만히 기다리는 걸 잘할 수 없기 때문입니다.

큰돈을 S&P500에 투자했다고 가정해 보겠습니다. 10퍼센트만 하락해도 공포를 이겨내지 못하고 안절부절못하다가 손절매를 해버리게 될 것입니다.

여기서 짚고 넘어가야 할 부분은 바로 '큰돈'입니다. 큰돈을 투자하면 아주 작은 하락에도 멘탈이 쉬이 무너져 내리는 상황이 펼쳐진다는 이야기입니다.

'나는 10퍼센트의 손실 정도는 충분히 버틸 수 있을 것 같은데?'

이런 생각이 든다면 한번 다음과 같이 상상해 보세요. 100억 원의 10퍼센트는 10억 원입니다. 눈앞에서 10억 원이 사라졌고 잘못하면 10억 원이 또 추가로 사라질 수 있는데 이걸 버틸 수 있다고요?

그렇다면 그 반대의 경우는 어떨까요? 상승분을 고스란히 다 챙길 수 있을까요? 아마 1퍼센트만 올라도 팔아버릴 것입니다.

손가락만 까딱 움직이면 곧바로 1억 원이 통장에 꽂히는데 이걸 참을 수 있다고요? 그렇게 할 수만 있다면 당신은 투자의 고수입니다. 그러니 평범한 사람들을 위한 투자 조언은 살포시 건너뛰고 스스로 알아서 잘하시면 됩니다.

삼성전자의 주가가 100배가 오르는 상황에서도 우리는 10퍼센트의 수익을 얻기 힘듭니다. 애플의 주가가 1000배 올랐어도 두 배 이상의 수익을 얻기 힘들었을 것입니다. 투자의 세계에서 무엇인가를 사놓고 가만히 기다리는 것은 쉬워 보이기만 할 뿐, 실제로는 엄청나게 어려운 일이기 때문입니다.

> 그래서 결론은···
> **평범한 투자자가 성공하기 위해 주목해야 하는 것은 '수익률'이 아니라 '생존율'입니다.**

확률적으로 불리해도 무조건 승리하는 '따고 배짱'의 기술

중학생 아들 녀석과 부자간의 자존심이 걸린 탁구 경기를 합니다. 돈까지 걸고 하는 것이라 최선을 다합니다. 한 세트에 1000원이 오가는데 열 번을 하면 보통 일곱 번은 이기고, 세 번은 패합니다.

중학생을 상대하는 게 뭐 그리 어려울까 싶겠지만 우습게만 보았던 녀석의 실력이 범상치 않습니다. 물어보니 학교 탁구 동아리에서 활동하고, 작년에는 교내 탁구 대회에 출전해 준우승을 했다고 합니다. 평소에 "탁구, 탁구" 하길래 그냥 흘려들었는데 이유가 다 있었던 것입니다.

그럼에도 불구하고 저의 경험 탁구가 한 수 위인지라 확률적으로는 돈을 딸 수 있는 구조입니다. 그러나 언제나 돈을 따 가는 것은 녀석입니다. 그 비결은 아주 단순하고도 명확합니다. 바로 이 기술을 쓰기 때문입니다.

'따고 배짱.'

녀석은 엎치락뒤치락 돈이 오가다가도 3000원 정도를 따는 순간 게임을 중단하고 공부를 해야 한다는 핑계를 대며 도망가 버립니다. 게임을 계속한다면 확률적으로 패배가 불 보듯 빤한 상황인데, 땄을 때 그만두는 일명 '따고 배짱 기술'로 극복하는 것입니다.

사실 이 기술은 제가 카지노에서 도박을 하거나 투자를 할 때 자주 활용하는 기술입니다. 카지노 도박장에서 돈을 따서 집에 가는 사람은 크게 두 가지 부류입니다. 첫 번째는 그 이유를 굳이 설명할 필요가 없는 실력 있는 고수들입니다. 그리고 두 번째는 운 좋은 사람입니다.

그런데 운 좋은 사람은 또 다시 두 가지의 부류로 나뉩니다. 하나는 '운이 좋았지만 딴 돈으로 게임을 계속하는 사람'이고, 또 하나는 '게임을 그대로 중단하고 딴 돈을 들고 곧바로 집으로 가는 사람'입니다.

전자의 사람은 돈 대신 '운은 항상 따르는 것이 아니라는 교훈'을 얻게 되고, 후자의 사람은 돈을 얻게 됩니다. 주식 투자는 도박이 아니지만 그 메커니즘은 유사한 구석이 많습니다.

저는 주식 투자의 고수가 아닙니다. '유리멘탈'에 종목 보는 눈도 그리 좋지 않습니다. 그럼에도 불구하고 큰돈을 주식에 투자해 놓고 마치 고수인 양 느긋하게 수익을 챙기고 있습니다. 비결은 카지노에서의 그것과 크게 다르지 않습니다.

친척이나 가까운 지인들과 재미로 하는 화투판에서는 절대로 해서는 안 되는 비매너 전략인 '따고 배짱'은 카지노 도박판이나 투자의 세계에서는 최고의 전략이 될 수도 있습니다.

수익률이 100퍼센트를 넘어서는데도 흔들림 없이 확신을 갖고 투자를 이어가는 것은 그야말로 고수 투자자들에게나 가능한 일입니다. 삼성전자 주식이 100배 오르리라고 확신해도 나는 투자한 순간부터 두 배 정도의 수익이 나면 만족하고 매도했을 것임이 자명합니다.

하수가 고수를 따라 흉내를 낼 수는 있으나 그 끝이 같을 수는 없습니다. 고수 투자자라면 100퍼센트의 수익이 가능한 종목으로도 일반 투자자는 10퍼센트의 수익밖에 얻지 못하는 것이 당연합니다.

고수들의 투자 방법은 분명 존경스러운 노력의 결과이자 본받을 만한 자세임에는 틀림없습니다. 하지만 프리미어 리그와 동네 조기 축구의 수준이 다르듯 그들과 내가 목표로 하는 지점은 애초부터 달라야 합니다.

저를 포함해 고수가 아닌 평범한 주식 투자자가 주식 시장에서 살아남을 수 있는 방법은 '엄청난 수익'이 아니라 '적당한 수익'입니다. 하지만 '적당한 수익'도 모으면 '큰 수익'이 될 수 있습니다.

스스로 아직 실력이 부족하다고 판단된다면 엄청난 수익 즉 '100배 주식'은 고수 투자자들의 리그라는 것을 깨끗하게 인정하는 것도 좋습니다. 그래도 우리에게는 적당한 수익을 가져다주는 '100개 주식'이 있습니다.

이게 바로 제가 불확실하고 실패 확률이 높은 투자의 세계에서 살아남은 비결입니다.

주식 시장은 기울어진 운동장이라는 말도 있듯, 평범한

투자자가 주식 투자로 돈을 벌 가능성은 확률적으로 매우 낮습니다. 하지만 지속적이고 반복적인 '따고 배짱'을 통해 불리할 수밖에 없는 게임을 승리로 이끌 수 있습니다.

그래서 결론은…
내가 팔고 나서 멀리 날아가 버린 주식 말고도
적당한 수익을 가져다줄 주식은 많습니다.

나누어 사고 나누어 팔아야 하는
가장 중요한 이유

저는 서울대 가는 법을 아주 잘 알고 있습니다. 국영수를 중심으로 암기 과목을 철저히 공부하면 됩니다. 하지만 서울대에 가지 못했습니다. 방법을 안다고 해서 반드시 해낼 수 있는 것은 아니라는 뜻입니다.

저는 고등학교를 졸업하는 법을 아주 잘 알고 있습니다. 그리고 실제로 고등학교를 성공적으로 졸업했습니다. 하지만 그리 자랑할 거리는 아닙니다. 대부분의 고등학생이 어렵지 않게 해내고 있는 일이기 때문입니다. 오히려 고등학교 졸업에 실패했다는 사람을 보면 '도대체 무슨 사고를 친

걸까' 하는 생각이 들 정도입니다.

투자를 할 때도 이와 비슷한 일들이 일어납니다.

'잃지 않는 안전한 투자'로 부자가 될 수는 없습니다. 하지만 일단 고등학교를 졸업해야 서울대에 갈 확률이 커지듯, 잃지 않는 안전한 투자의 메커니즘을 깨닫고 경험을 쌓아야만 투자로 큰 수익을 얻을 수 있습니다.

고등학교를 졸업하기는 그리 어렵지 않고, 또 고등학교 졸업장이 있어야 서울대에도 도전할 수 있다는 사실은 잘 알지만 투자는 다르다고 생각하는 사람이 많습니다. 그래서 투자의 세계에서 갖춰야 할 기본적인 지식과 경험도 무시한 채 일확천금을 쫓는 사람이 많은 것입니다. 이는 고등학교도 졸업하지 않고 서울대에 가려고 하는 무모한 도전과 크게 다르지 않습니다.

이런 이유로 안타깝게도 투자의 기본을 갖추는 사람은 고등학교를 졸업하는 사람보다 훨씬 적습니다. 주식 투자로 수익을 얻는 사람들이 전체 주식 투자자의 10퍼센트도 되지 않는다는 사실이 그 증거입니다.

고등학교를 졸업했다고 해서 모두가 서울대에 가는 것은

아니듯, 투자로 부자가 되는 것은 10퍼센트 중에서 1퍼센트
도 되지 않을 정도로 아주 어려운 일입니다.

주식 투자로 부자가 되는 방법은 분명히 존재합니다. 그
방법을 실제로 행동으로 옮겨 부자가 된 사람들도 존재합니
다. 하지만 아주 많은 경험과 실력 그리고 운까지 따라주어
야 가능한 일입니다.

투자의 기본을 갖추고 잃지 않는 안전한 투자를 하는 방
법 또한 존재합니다. 아주 다행스럽게도 이 방법만 안다면
누구나 할 수 있습니다.

주식 투자로 이미 고등학교를 졸업한 10퍼센트의 사람들
은 서울대에 가는 1퍼센트가 되기 위해 열심히 경험을 쌓으
며 노력하면 됩니다. 하지만 고등학교조차 졸업하지 못한
나머지 90퍼센트의 사람들은 일단 고등학교를 졸업하는 목
표를 달성해야만 합니다.

큰 수익을 얻을 수 있지만 위험한 투자가 아니라 잃지 않
는 안전한 투자를 그 목표로 해야 한다는 이야기입니다.

'나누어 사고 나누어 파는 투자'는 부자가 될 수 있는 투

자법이 아닙니다.

하지만 좋은 투자의 습관, 올바른 투자의 방법을 실천함으로써 투자의 기본기와 경험을 쌓는 데는 이 보다 더 좋은 방법은 없을 거라고 확신합니다.

저는 이 방법으로 부자가 되지는 못했지만 경제적 자유를 찾을 수 있었습니다. 그리고 단순히 투자의 결과만 인증하는 것이 아닌, 투자의 시작과 과정까지 모조리 보여주는 공개 투자를 통해 잃지 않는 수준을 넘어서 연 10퍼센트 이상의 수익을 얻는 투자법임을 증명했습니다. 이는 곧 1억 원의 투자금으로는 월 100만 정도의 현금 흐름을 만들어낼 수 있고, 투자금의 규모를 늘릴 수만 있다면 경제적 자유를 찾을 수도 있음을 의미합니다.

"단돈 100만 원으로 주식 투자를 시작해 3년 만에 100억 원이 넘는 투자 수익을 얻었습니다."

"산업과 기술에 대한 철저한 분석과 미래를 내다보는 통찰력으로 단 1년 만에 3000퍼센트가 넘게 폭등한 2차 전지주에 미리 투자할 수 있었습니다."

인터넷에는 이렇게 엄청난 성과를 자랑하는 투자의 고수와 전문가가 차고도 넘칩니다. 하지만 안타깝게도 저는 고

수도 전문가도 아닌, 여러분과 크게 다르지 않은 일반적이고 평범한 투자 실력과 멘탈을 가진 사람입니다.

저는 서울대에 가지 못했듯 주식 투자로 큰 성공을 얻지는 못했습니다. 하지만 고등학교를 무사히 졸업했듯 '잃지 않는 안전한 투자'를 하는 데는 성공했습니다. 여러분에게도 충분히 가능한 일이라고 생각합니다.

> 그래서 결론은…
> **돈 잘 벌고, 빚 적고, 현금 많고, 배당 잘 주는 회사의 주식을 나누어 사고 나누어 팔면 됩니다.**

얼마까지
잃을 수 있는가

"이렇게 투자하면 수익률이 얼마나 될까요?"

자주 듣는 질문입니다. 하지만 "이렇게 투자 하면 손실률이 얼마나 될까요?"라는 질문은 들어본 적이 없습니다.

투자는 돈을 얻기 위함이지 잃기 위함이 아니기 때문이기는 하겠지만 기대 수익률이 높으면 손실 위험성 또한 높다는 것을 고려하지 않는 경우가 많은 것 같습니다.

100만 원을 투자해 단 몇 초 만에 100퍼센트의 수익, 그러니까 100만 원의 수익을 얻는 방법을 저는 아주 잘 알고 있고 실제로도 많이 경험해 보았습니다. 단 몇 초 만에 투자

원금 대비 3600퍼센트의 수익을 얻은 적도 아주 많습니다. 아시는 분들은 다 아시겠지만 제가 카지노에서 도박을 했을 때의 일입니다.

단 몇 초 만에 100만 원으로 100퍼센트의 수익을 얻을 수 있지만 반대로 100퍼센트의 손실을 입을 수도 있으며, 3600퍼센트의 수익을 얻기 위해서는 97.3퍼센트의 확률로 잃을 가능성을 피할 수 있어야 한다는 사실을 알지 못한다면 충분히 혹할 수 있는 이야기입니다.

투자의 고수들이 자랑하는 어마어마한 수익률의 이면에는 마찬가지로 어마어마한 손실 가능성과 지속 불가능성이 함께 존재한다는 것을 말하려는 것입니다.

100만 원으로 10퍼센트인 10만 원의 수익을 만들어내기는 충분히 가능합니다. 하지만 10억 원으로 10퍼센트인 1억 원의 수익을 만들어내는 것은 말처럼 쉬운 일이 아닙니다. 투자금의 규모가 커지더라도 수익률은 그대로 유지된다면 참 좋을 텐데 인간의 나약한 멘탈은 이를 쉬이 허락하지 않습니다.

한 번에 1000만 원을 투자해 환율이 5원 정도 오를 때 팔면 약 5만 원 정도의 수익을 얻게 됩니다. 이러한 경험을 몇 번 반복하고 나면 근거 없는 자신감이 생겨 0.5퍼센트 정도의 수익을 얻는 것은 그리 어렵지 않은 일로 여겨집니다. 그리고 이런 생각을 하게 됩니다.

'한 번에 1억 원을 투자하면 50만 원이잖아?'

물론 운이 좋다면 충분히 성공 가능성도 있습니다. 하지만 여기에 미처 계산에 넣지 못한 함정이 존재합니다. 바로 '손실의 상황 또한 기대 수익의 크기만큼 감당할 수 있느냐' 입니다. 이런 점에서 볼 때 투자금의 규모를 늘릴 때는 기대 수익의 크기가 아니라 손실을 감당할 수 있는 크기에 맞추는 편이 바람직하다 할 수 있습니다.

분할 매수·분할 매도 투자 전략은 그것이 환율이든 주가든 변동성이 잦을 때 큰 효과를 얻을 수 있습니다. 가격의 하락과 상승이 적당하게 발생해야 내리면 나누어 사고 오르면 나누어 팔 수 있을 테니 말입니다.

하지만 환율이나 주가가 계속해서 하락만 하는 경우에는 '한 번에 사지 않아서 다행인' 수준에 만족해야 할 뿐, 손실 가능성을 투자자 본인이 감당해야 한다는 사실에는 변함이 없습니다.

만약 지금 '올라도 좋지만 더 내려주면 더 싸게 살 수 있어서 그 또한 좋지'라는 생각보다 '이거 큰일인데? 지금이라도 손절해서 추가 손실 가능성을 줄여야 할까?'라는 생각이 더 많이 든다면 당장 투자금의 규모를 줄여야 합니다.

얻었을 때의 달콤함만 기대할 뿐 잃었을 때의 고통을 감당할 수 있는 경험과 실력이 부족해서 벌어진 일이며, 이를 해결하는 가장 확실하고 쉬운 방법은 투자금의 규모를 줄이는 것이기 때문입니다.

그래서 결론은…
얼마까지 잃어야 고통스러울지 먼저 가늠해 보세요.

투자의 그릇

나누어 사고, 나누어 팔면 잃지 않는 안전한 투자가 가능합니다. 하지만 말처럼 쉽지는 않습니다. 큰돈을 투자해야 큰 수익을 얻을 수 있기 때문입니다. 대부분의 사람들은 여기에서 사고를 멈추고 적은 돈으로도 큰 수익을 얻을 수 있는 것을 쫓습니다.

안타깝게도 이런 투자는 위험할 뿐만 아니라 경험이 많은 투자의 고수가 아니면 실패할 가능성이 매우 큽니다. 결국 적은 돈으로 큰 수익을 만들어내는 투자란 운이 좋거나 실력이 뛰어난 몇몇에게만 허락되는 '남의 나라 이야기'인 것입니다.

다행히도 타개할 방법은 있습니다. 적은 돈으로 투자의 경험을 쌓아가다 보면 당장에 큰 수익은 얻지 못하더라도 투자의 실력은 늘릴 수 있습니다. 큰돈을 투자할 수 있는 상황이 되었을 때는 이렇게 향상된 실력이 좋은 기회를 잡게 해줍니다.

'큰돈을 얻으려면 큰돈을 투자해야 하나?'라는 고민보다는 '큰돈을 투자하면 잃지는 않을까?'를 고민하는 편이 바람직합니다.

아주 당연하게도 투자 수익의 규모는 투자금의 규모와 비례합니다. 하지만 큰돈을 투자하면 그만큼 큰 손실의 위험도 따르게 됩니다. 큰돈이 있어도 투자에 성공하기는 어려운 이유입니다.

그러나 잃지 않는 안전한 투자가 가능한 까닭에 큰돈을 투자해도 된다는 점을 잘 활용하면 크게 두 가지의 투자 전략 수립이 가능해집니다.

1. 거래의 횟수를 늘려 작은 수익을 계속해서 쌓아간다.
2. 좋은 기회가 왔을 때는 큰돈을 과감하게 투자해 큰 수

익을 노린다.

참고로 저는 이 두 가지 전략을 모두 취합니다. 1억 원을 한 번에 투자했는데 10퍼센트 하락하면 1000만 원의 손실 상황에 처하게 됩니다. 손실을 만회하려면 다시 10퍼센트가 오르길 기다리는 방법밖에 없습니다. 하지만 1000만 원씩 열 번을 나누어 투자한다면 손실률은 5퍼센트 정도가 될 것입니다.

그리고 마지막 투자금 1000만 원으로 3퍼센트 정도의 수익, 그러니까 30만 원씩 열 번의 수익을 발생시키면 평가 손실은 500만 원에서 200만 원으로 줄어들게 되어 주가가 2퍼센트만 상승해도 손실 만회가 가능해집니다.

10퍼센트가 하락했다가 다시 10퍼센트가 오르는 일은 흔치 않지만 10퍼센트가 하락한 뒤에 2퍼센트 정도가 오르는 것은 모멘텀 없는 기술적 반등 정도만으로도 흔한 일입니다.

10만 원에 산 주식이 9만 원이 되었다가 다시 10만 원이 되기까지는 많은 시간과 인내가 필요합니다. 하지만 3퍼센트 정도의 등락은 단 하루 만에도 가능합니다. 저가에 머무르는 시간이 길어질수록 손실 회복을 넘어서 수익의 가능성까지 커지는 투자가 가능하다는 이야기입니다.

1000만 원씩 열 번을 투자하면 투자 원금은 1억 원인 셈입니다. 이미 투자해 놓은 총 투자금 1억 원 만큼이나 큰돈이 움직이게 되는 것입니다.

투자금은 크게 두 가지의 형태로 존재합니다.

하나는 끊임없이 움직이며 현금 흐름을 만들어내는 투자금이고, 나머지 하나는 자산의 형태로만 존재하는 투자금으로 전문 용어로는 '물려 있다'라고 표현합니다.

우리가 가지고 있는 현금 자산도 알고 보면 주식이나 부동산의 상승에 물려 있는 자산이라 해석할 수 있습니다. 하염없이 추락하는 주가를 보며 '그때 팔걸…' 하는 상황이나 끝을 모르고 오르는 주식이나 아파트 가격을 보며 '그때 살걸…' 하는 상황이나 똑같이 비자발적으로 물려 있는 상황인 것입니다.

하지만 주식이나 부동산 자산의 가격이 올랐을 때 상대적으로 가치가 하락한 현금을 물려 있다고 생각하며 괴로워하거나 비관하지는 않습니다. 기껏해야 아쉬운 정도의 수준일 때가 더 많습니다.

주식 투자 후 평가 손실의 상황에서도 이 원칙은 똑같이 적용되어야 합니다. 주가가 오를 때 투자되어 있지 않은 현금 그리고 주가가 하락할 때 투자되어 있는 주식은 그 가치 하락에 대해 크게 신경 써서는 안 된다는 이야기를 하려는 것입니다.

우리는 지금 당장 바로 투자하거나 현금화할 수 있는 현금이나 주식이 있는지, 그 양을 늘릴 수 있는지만 신경 쓰면 됩니다. 장기적 관점의 투자를 단기적으로 신경 쓸 필요도, 단기적 관점의 투자를 장기적으로 끌고 갈 필요도 없습니다.

큰돈은 시간을 들여 묵묵하게 투자하고 적은 돈은 짧은 호흡으로 투자의 횟수를 증가시켜 큰돈으로 움직이게 해야 한다는 이야기입니다.

분할 매수, 분할 매도 전략이 적은 돈을 벌려다 큰돈을 날리는 투자가 아니라 적은 돈으로도 크게 투자할 수 있는 전략이라는 생각을 할 수 있어야 시간이라는 무기도 제대로 활용할 수 있습니다.

작은 물방울이 시간을 무기로 바위를 뚫어내듯 적은 돈

으로도 큰돈을 벌 수 있음을 경험해 보면, 그 이후에는 큰돈

으로 더 큰돈을 벌 수 있습니다.

그래서 결론은…
**나누어 사고, 나누어 팔면
적은 돈도 크게 투자할 수 있습니다.**

많이 심는다고
많이 얻는 것은 아니다

투자 계획을 세울 때 투자금의 규모는 어떻게 정해야 할까요? 제가 개인적으로 가장 중요하게 고려해야 한다고 생각하는 것은 크게 세 가지입니다.

1. 자본력
2. 투자 대상의 가치와 가격
3. 투자 실력과 경험

100억 원의 재산을 가지고 있는 사람이 1억 원을 투자하는 것과 1억 원의 자본력을 가진 사람이 1억 원을 올인하는 것은 투자의 과정과 마음가짐뿐만 아니라 그 결과도 다를 수밖에 없습니다.

투자 대상의 가치와 가격 역시 투자금에 큰 영향을 미칩니다. 가치와 가격이 제로에 수렴할 가능성이 있는 자본 잠식 상태의 회사의 주식을 사는 것과 삼성전자에 투자하는 것은 분명히 다른 일이듯 말입니다.

또한 가짜 돈(가상화폐)에 투자할 때는 자본력의 0.1퍼센트 미만으로 하는 투자조차 위험할 수 있겠지만 진짜 돈(달러)은 100퍼센트를 투자하더라도 안전할 수 있습니다. 농담처럼 자주 하는 이야기이기는 하지만, 대부분의 미국 사람은 전 재산을 달러 베이스 자산으로 보유하고 있다는 것이 그 방증이라 할 수 있습니다.

또한 같은 투자 대상이라 하더라도 가격이 가치에 비해 쌀 때와 비쌀 때의 투자금의 크기는 달라야 합니다. 제가 달러는 1200원 이하, 엔화는 100엔당 1000원 이하에서만 투자하라고 권하는 이유입니다.

달러와 엔화 그 자체로만 놓고 보면 달러가 비교도 되지 않을 만큼 가치 있고 안전한 투자 대상이라 할 수 있습니다.

하지만 환율이 1300원 이상인 달러와 100엔당 1000원 이하인 엔화를 비교할 때는 오히려 엔화가 더 안전한 투자 대상일 수도 있다는 뜻입니다.

그리고 아주 당연하게도 투자 실력과 경험에 따라서도 투자금의 크기는 달라져야 합니다. 똑같은 자본력을 지니고 있는 사람이 똑같이 달러에 투자하더라도 투자 실력과 경험이 1년과 한 달로 차이가 난다면 투여하는 자금 역시 달라져야 합니다.

이를 종합적으로 고려해 외환 투자에 적용해 보면, 달러 투자를 비롯한 엔화 투자나 유로화 투자의 경우에도 자본력과 투자 대상의 가치와 가격, 그리고 투자 실력과 경험에 따라 투자금을 정하는 것이 바람직합니다.

저의 경우 자본력 대비 투자금의 크기는 달러 투자는 100퍼센트, 엔화 투자는 10퍼센트, 유로화 투자는 3퍼센트 정도의 비율을 생각하고 있습니다.

달러 투자의 경우에는 그리 위험하지 않은 안전한 투자 대상이며, 그간 투자 실력을 충실히 쌓아왔고 경험도 많다고 생각하기 때문에 전 재산을 모두 투자할 생각까지도 할 수 있습니다. 반면 엔화나 유로화의 경우에는 달러에 비해 그 가치가 낮기 때문에 자본력 대비 공격적인 투자는 하지 않으려 하는 것입니다.

많은 분이 엔화 투자로 한 달 동안 1000만 원을 벌려면 어느 정도의 투자금이 필요한지 궁금해합니다. 저는 크게 두 가지의 방식으로 엔화에 투자하고 있습니다.

첫 번째는 분할 매수·분할 매도 투자, 두 번째는 선을 넘는 투자입니다.

분할 매수·분할 매도 투자로는 평균 5000만 원 정도의 자금으로 투자를 진행했고, 그 수익은 전체 수익금의 절반 정도입니다.

나머지 절반은 선을 넘는 투자를 통해 얻은 수익입니다. 공매도 등의 특별한 방식을 취하기도 하고, 초단기로 1~3억 원 정도를 한 번에 투여하기도 하는데 무위험의 수익 추구 방식을 취하는지라 레버리지까지 동원하기 때문에 정확한 투자금의 규모를 산정하는 것은 무의미합니다.

간혹 투자금의 규모가 크면 단순히 수익도 커지리라고 착각하며 무리하게 자금을 투자하는 사람들이 있습니다. 매우 위험한 생각입니다.

자본력 대비 너무 과도한 자금을 투자하는 경우 예상치 못한 폭락 상황을 만나게 되면 투자금도 금세 바닥이 나고 멘탈이 무너집니다. 나누어 사고 나누어 파는데도 불구하고 '올라도 좋고, 내려도 좋은 투자'가 아니라 '올라야만 하고, 내리면 망하는 투자'가 되기도 합니다.

또한 쌀 때 사서 비쌀 때 파는 투자를 해야 하는데 비쌀 때 사서 더 비쌀 때 팔려는 욕심으로 위험을 자초하는 경우도 있습니다. 간단하게 예를 들자면 달러를 1300원 이상에서 사는 행위가 여기에 포함됩니다.

똑같은 시기에 똑같은 것에 투자해서 똑같은 크기의 돈을 벌었다고 해서 그 투자금의 규모 또한 같을 거라는 생각 또한 투자의 실력과 경험을 고려하지 않은 계산이라 할 수 있습니다.

'저 정도의 수익을 얻으려면 투자금이 많아야 할 거야. 나는 안 되겠네….'

이런 생각으로 지레 겁먹고 포기할 필요도 없다는 이야기입니다. 투자 수익을 늘리는 방법은 단순히 투자금의 규모를 늘리는 것뿐이 아닙니다. 투자 대상의 가치와 가격을 잘 파악해서 투자의 실력과 경험을 쌓는 것도 투자 수익을 늘리는 좋은 방법이 될 수 있습니다.

> 그래서 결론은…
> **투자를 농사에 비유하는 경우가 많습니다.**
> **씨(시드)가 많다고 해서 수확량이 많은 것은 아닙니다.**
> **오히려 농부의 재배 기술과 경험이 더 중요합니다.**

얼마를 투자해야 하느냐고
묻는다면

100만 원의 1퍼센트 수익은 1만 원이지만 10억 원의 1퍼센트 수익은 1000만 원입니다. 저는 이 두 가지 수익을 모두 얻어보았습니다.

가끔씩 제 투자금의 규모를 궁금해 하시는 분들이 있습니다. 저는 보통 아무런 답변도 하지 않습니다. 이유는 간단합니다. 도움이 되지 않을 뿐만 아니라 잘못 이해하면 큰 위험에 처할 수도 있기 때문입니다.

똑같은 곳에 투자를 하더라도 투자금의 규모에 따라 결과에는 큰 차이가 있습니다. 적게 투자하면 손실의 고통을 감내하기 쉽지만 수익은 적을 수밖에 없습니다. 반대로 크게 투자하면 손실의 고통이 너무 큰 나머지 수익을 얻을 때까지 기다리지 못하고 포기하게 되기도 합니다.

투자 대상의 특성, 투자의 경험과 실력, 그리고 총 자산의 크기 등에 따른 적정 투자금의 규모는 개개인마다 차이가 있습니다. 예를 들어 비트코인이라면 저는 100만 원을 투자하는 것도 어렵고 힘들 것입니다. 하지만 달러 투자라면 단 몇 분 만에 10억 원을 투자하는 것도 가능합니다.

적당한 인내와 그에 따른 유의미한 수익이 가능한 적정 투자금의 규모를 찾아가는 과정 역시 투자의 경험이라 할 수 있습니다. 이러한 경험이 쌓이고 쌓여 마침내 투자 실력이 됩니다.

투자는 아주 당연하게도 투자금의 규모가 클수록 큰 수익을 가져다줍니다. 투자의 가장 큰 목적은 수익의 크기이기 때문에 투자금의 규모를 늘리는 것은 매우 중요한 일이라 할 수 있습니다. 누군가는 이것을 '그릇'으로 표현하기도 하고, 또 누군가는 '배포'라 이야기하기도 합니다.

종합해 보면 결국 투자 실력을 늘리는 것은 투자의 규모를 늘리는, 그러니까 그릇과 배포를 키우는 일이라고도 할 수 있는 것입니다. 이는 수익률의 크기를 늘리는 것만이 투자 실력을 향상시키는 일이 아니라는 이야기도 됩니다.

지금으로부터 불과 5년 전만 하더라도 저는 100만 원을 투자해 놓고 하루 종일 스마트폰을 손에서 떼어내지 못했습니다. 하지만 지금은 그 100배인 1억 원을 투자해 놓고도 하루 종일 다른 일에 집중할 수 있습니다. 투자의 경험이 쌓여 투자의 실력도 향상되었기 때문입니다.

수익률을 향상시키기는 무척이나 어렵습니다. 투자금의 규모를 키우는 일은 적어도 제 경험에 따르면 그보다는 훨씬 더 수월했습니다. 하지만 마음먹은 대로 하루아침에 되는 일은 아닙니다.

100만 원으로 1퍼센트의 수익을 얻는 경험 100번이 쌓여야 300만 원으로 1퍼센트의 수익을 얻을 수 있고, 또 이 경험이 100번 쌓여야 500만 원으로 1퍼센트의 수익을 만들어내는 실력이 갖추어지는 구조입니다. 20킬로그램의 덤벨을 100번 들어 올리는 운동을 매일 반복해야 근육이 붙어 30킬로그램의 덤벨도 100번 들어 올릴 수 있는 것과 유사합니다.

이는 곧 다른 사람이 몇 킬로그램을 들어 올리는지 궁금해하지 말고, 내가 직접 가벼운 것부터 들어보면 된다는 뜻이기도 합니다.

그래서 결론은…
'얼마를 투자하는 게 좋은가'에 대한 답은
자신만이 알 수 있습니다.

투자금이 부족해서가
아니다

'오르기만 바라는 투자'는 어렵습니다. 생각만큼 잘 오르지도 않을 뿐더러 하락하기라도 한다면 상당히 괴로워지기 때문입니다. 하지만 '내리기도 바라는 투자'를 하면 멘탈을 강화시킬 수 있습니다.

여기 총 1억 원을 엔화에 투자하기로 한 A와 B가 있습니다. A는 이 투자금을 다섯 번으로 나누어 투자하기로 했고, B는 50번으로 나누어 투자하기로 했습니다. A와 B는 똑같이 엔원 환율이 100엔당 1000원일 때 투자를 시작합니다.

A는 첫 투자 금액이 2000만 원일 것입니다. 하지만 B는

첫 투자 금액이 200만 원입니다. 여기에서 똑같은 자본력과 멘탈을 가진 A와 B는 다른 생각을 하게 됩니다.

A는 환율이 5원만 오르더라도 10만 원의 수익을 얻습니다. B의 수익은 1만 원 뿐입니다. A는 환율이 오르기를 더 바랄 것입니다. B는 추가 매수를 통해 엔화를 더 많이 확보한 후에 오르는 것도 좋기 때문에 상승을 바라는 한편 동시에 하락을 바랄 수도 있습니다.

만약 이 상태가 다섯 번의 추가 매수가 끝난 뒤라면 어떨까요? A의 투자금은 이미 모두 소진되어 1억 원이 되어 있을 것입니다.

하지만 B의 투자금은 1억의 10분의 1인 1000만 원에 불과합니다. A는 환율이 오르기만을 바랄 수밖에 없지만 B는 여전히 올라도 좋고 더 내려도 좋다고 생각할 것입니다.

중요한 것은 '내가 가진 투자금을 얼마나 효율적으로 잘 나누었는지'입니다.

물론 '유의미한 수익의 규모'라는 것이 있어서 너무 적은 금액을 투자했다가는 내리기만 바라는 투자를 하게 되는, 희한하고 영양가 없는 일을 겪게 될 수도 있습니다. 따라서 투자금 배분의 가장 이상적인 형태는 '올라도 좋고 내려도 좋을 만큼'이라 할 수 있습니다. 개인의 자본력과 투자 환경, 경험과 실력에 따라 그 정도가 다르기 때문에 오롯이 스스로 정해야 하는 일입니다.

가끔 "투자할 수 있는 돈이 적어서 나누어 사기가 어렵다" "투자금이 모두 소진되어 추가 투자가 불가능하다"라는 하소연이 들리기도 합니다. 하지만 비단 자본력의 크기 때문만은 아닙니다. 적당하게 나누지 못해서일 가능성이 더 큽니다. 한마디로 투자의 경험과 지식이 아직 충분치 않다는 이야기입니다.

엔화는 달러에 비해 단점이 많은 투자 대상입니다. 우대율도 좋지 않고 비자발적인 장기 투자의 상황에서 달러처럼 패자부활전의 기회를 얻기도 어렵습니다.

요즘 엔화 투자를 하는 분이 많은데, 매운맛을 보고 있다면 달러 투자가 얼마나 쉬운지도 알게 되었을 것입니다. 달러 투자와 비교하여 엔화 투자의 거의 유일한 장점이라면 '싸게 살 수 있는 기회'가 왔다는 것뿐입니다. 한 가지 다행인 점은 엔화를 1000원 아래에서 샀다면 크게 걱정할 필요가 없다는 사실입니다.

그것이 언제가 될지는 모르겠지만 엔원 환율은 반드시 100엔당 1000원 이상으로 상승할 것입니다. 하지만 멘탈이 흔들리고 걱정과 근심으로 머릿속이 복잡하다면 지금 당장 투자를 멈추기를 권합니다. "엔화 투자는 달러 투자의 경험이 많은 분만 하세요"라는 말을 허투루 듣지 마시기 바랍니다.

그래서 결론은…
스스로 알지 못하는 것을 인정하고
경험과 지식을 좀 더 쌓은 후 투자에 임해야 합니다.
투자금이 모자란 건 내가 모자라기 때문일 수도 있습니다.

투자의 룰을
곧이곧대로 따르지 마라

치타는 시속 113킬로미터의 속도로 달릴 수 있는 지구상에서 가장 빠른 포유동물입니다. 만약 인간이 치타와 달리기를 한다면 100퍼센트의 확률로 패하게 됩니다. 하지만 게임의 룰을 바꾸면 다른 결과를 얻을 수도 있습니다.

100미터 달리기가 아닌 42.195킬로미터의 마라톤 경기라면 어떨까요? 승리를 장담할 수는 없겠지만 100퍼센트의 확률로 패할 가능성은 조금이라도 줄일 수 있을 것입니다. 이것이 바로 '가능성이 많지 않은 일'에도 도전해야 하는 이유입니다. 무엇이든 룰을 바꾸면 '가능성이 조금 있는 일'을 넘어 '가능한 일'이 될 수도 있기 때문입니다.

성장성이 높은 회사에 투자해야 주식 투자의 성공 가능성도 높아집니다. 하지만 그런 회사를 미리 알아볼 능력은 저에게 없었습니다. 제가 주식 투자로 돈을 벌 가능성이 희박했다는 이야기입니다. 하지만 저는 룰을 바꾸어보기로 했습니다. 좋은 회사가 아닌 적당한 회사에만 투자해도 성공할 방법을 찾아보기로 한 것입니다.

내가 사면 내리고 내가 팔면 오르는 투자의 성질을 역이용할 수 있는 방법은 없을지도 고민해 보았습니다. 장기 투자를 할 만한 인내심 부족을 해결할 방법도 찾아보았습니다. 나에게 불리한 주식 투자 성공의 룰을 나에게 유리한 룰로 바꾸어보기로 한 것입니다.

결과는 대성공이었습니다.

주가의 상방이 열려 있는 좋은 회사를 미리 알아보고 투자하는 것은 고수 투자자들에게나 허락되는 것이지만 하방이 막혀 있는, 그러니까 '망하지 않을 만한' 회사에 투자하기는 지난 몇 년 간의 재무제표만 훑어보아도 쉽게 할 수 있는 일이었습니다.

'돈 잘 벌고, 빚 적고 현금 많고, 배당 잘 주는 회사'를 찾는데 밸류에이션 분석이나 미래에 대한 통찰력 따위는 필요하지 않았습니다. '나누어 사고, 나누어 파는 아주 간단한 전략'만으로도 내가 사면 내리고 내가 팔면 오르는 상황을 어느 정도는 방어할 수 있었습니다. '내리면 더 사고, 오르면 파는 단기 트레이딩 전략'은 최소 몇 년은 인내해야 하는 장기 투자에 비하면 아주 쉬운 일이었습니다.

단 한 번도 주식 투자로 돈을 벌어본 적 없었던 사람이 주식 투자로 돈을 버는 것이 당연해지는 데 필요한 것은 룰 안의 변화가 아니었습니다. 룰 자체의 변화였습니다.

그러니 점심시간 커피값 내기 가위바위보에 자신이 없다면 가위바위보 연습을 할 게 아니라 사다리 타기를 하자고 제안할 수도 있는 것입니다.

그래서 결론은…
실패의 이유는 잘못된 내가 아니라 잘못된 룰일 수도 있습니다.

확증 편향,
믿고 싶은 것만 본다

모든 인간의 마음에는 이기심이 기본적으로 탑재되어 있습니다. 축구 한일전에서는 한국을 응원하는 게 당연합니다. 시장에서 물건 값을 흥정할 때는 장사꾼의 마진보다는 내 이익을 우선하는 게 인지상정입니다.

가끔씩 나보다 남을 더 배려하고 다른 사람들을 위해 희생정신을 발휘하는 훌륭한 사람들이 존재한다는 사실까지 부정하는 것은 아닙니다. 저를 포함한 대부분의 일반적이고 평범한 사람들은 남보다는 내가 더 잘되고 싶다는 생각을 가지고 있다는 것입니다.

이러한 인간의 이기적인 마음은 '확증 편향'이라는 오류를 만들어냅니다. 카이사르는 이런 말을 했습니다.

"인간은 자기가 보고 싶다고 생각하는 현실밖에 보지 않는다."

이처럼 확증편향은 믿고 싶은 대로 보고, 보고 싶은 대로 믿고자 하는 인간의 심리를 의미합니다.

아침에 배달된 신문을 담배 한 모금과 함께 읽는 것이 인생의 낙이라고 생각한 어떤 사람이 있었습니다. 그런데 언제부터인가 그 신문에는 담배의 유해성에 관한 기사들이 계속해서 실리기 시작했습니다. 그는 결국 신문을 끊었다고 합니다.

투자를 할 때도 믿고 싶은 것만 믿는 확증 편향이 일어납니다. 내가 산 종목이 앞으로 오르리라 믿고 싶은 것은 당연합니다. 그래서 긍정적인 내용의 뉴스나 리포트에만 귀를 기울이고, 부정적인 내용에는 저절로 귀를 닫습니다.

아파트값이 하락할 것이라고 믿고 집을 사지 않은 사람들은 부동산 하락 뉴스에 환호하고 부동산 하락론자가 운영하는 유튜브 채널을 구독해 그들의 이야기만을 듣습니다.

구글의 AI는 사용자가 무엇을 믿고 싶은지 금세 캐치해 내고는 비슷한 내용의 주장과 정보를 제공하는 채널들을 추천해 줍니다.

그들의 말과 달리 실제로는 집값이 오르더라도 그 시기 예측은 조금 틀릴 수 있다고 자위하며 대세적 하락 가능성은 여전히 변하지 않았다고 생각합니다. 보이는 것을 믿는 것이 아니라 믿는 것을 보게 되는 것입니다.

"현명한 자는 보는 걸 믿고, 겁쟁이는 믿는 걸 본다." 스탈린의 말입니다.

잃지 않는 안전한 투자를 위해서는 나 역시도 확증 편향의 늪에 빠질 수 있음을 인정해야 합니다. 특히 투자와 관련해서는 '확실한 것'이란 애초에 존재하지 않습니다. 만약 투자의 행위가 수학 공식처럼 정확하게 딱딱 맞아떨어지는 것이었다면 인공지능에게 투자를 맡기는 편이 훨씬 더 나았을 테지요.

반대로 움직이는 성격의 자산에 동시에 투자하는 이른바 '롱숏 전략'은 이러한 확증 편향을 최소화하는 데 도움이 됩니다. 국내 주식 투자와 달러 투자를 병행하는 것이 대표적인 사례입니다.

우리나라 주식 시장은 외국인 투자자들의 수급으로 방향이 달라지는 경우가 많은지라 환율이 오르면 주가는 하락하고, 반대로 환율이 하락하면 주가는 오르게 됩니다.

만약 주식에만 투자한다면 주가가 오르기만을 바라게 되기 때문에 주가 상승에 긍정적인 이야기만 더 잘 들리고, 주가 하락에 대한 뉴스에는 귀를 기울이지 못하게 됩니다. 하지만 동시에 달러 투자를 한다면 환율의 상승 역시 바라게 되기 때문에 환율 상승의 요인이자 주가 하락의 요인에 관한 소식도 중립적인 입장에서 받아들일 수 있을 것입니다.

분할 매수, 분할 매도 전략도 역시 확증 편향을 감소시켜 주는 데 효과적입니다. 분할 매수를 하면 앞으로도 더 많이, 더 싸게 사야 하기 때문에 사고 나서도 하락을 원하는 마음을 갖게 됩니다. 내가 사면 내리는 상황을 불행이 아닌 행복으로 볼 수 있는 것입니다.

분할 매도를 할 때도 마찬가지입니다. 더 많이, 더 비싸게 팔고 싶은 마음에 팔고 나서도 더 오르기를 바라는 마음이 생깁니다. 그래서 내가 팔면 오르는 상황이 행복해집니다.

인간의 의지와 멘탈은 바꾸기가 결코 쉽지 않습니다. 처음부터 그냥 그렇게 설계되어 있기 때문입니다. 하지만 환경이 바뀌면 마음도 바꿀 수 있습니다.

저 또한 가난할 때는 이 세상에 부자도 없고 가난한 사람도 없었으면 하는 바람이 있었습니다. 그래서 전쟁이든 재난이든 관계없이 세상이 그냥 '리셋' 되었으면 좋겠다는 상상을 했습니다. 흙수저도 없고 금수저도 없이 모두가 처음부터 똑같은 출발선에서 똑같이 시작하면 좋겠다고 생각한 것입니다.

하지만 경제적 자유를 찾은 지금, 그러니까 환경이 바뀐 지금은 그 생각도 완전히 달라졌습니다. 힘들게 고생하고 노력해서 만들어놓은 것이 한순간에 리셋되는 것을 여전히 바라고 있을 리는 없겠지요.

하나의 예로, 소득이나 자산 규모에 따라 정치 성향이 다른 것도 단순히 '생각'이 다르기 때문이 아니라 '환경'이 달라서일 가능성이 더 큽니다. 그러니 서로를 이해하려면 입장을 바꾸어 생각하는 것이 가장 효과적입니다.

무주택자는 집값이 하락하기를 바랄 것이고, 다주택자는 집값이 상승하기를 바랍니다. 아주 당연하고 지당한 일이니 반대의 생각을 가지고 있다고 해서 비난하거나 이해할 수 없는 비정상적인 사람들로 규정할 필요는 없습니다.

우리 모두는 확증 편향을 가지고 살아가는 일반적이고 평범한, 그리고 정상적인 사람들이라는 이야기입니다.

그래서 결론은…
아는 만큼 보이고, 보이는 만큼 얻을 수 있습니다.

앵커링 효과,
그 가격이 아니면 안 된다는 생각

바다 위의 배는 앵커, 그러니까 '닻'을 내리면 그 닻과 연결된 밧줄의 범위 내에서만 움직일 수 있습니다. 마찬가지로 어떤 숫자나 생각이 뇌리에 새겨지면 그것은 곧 기준점이 되어버립니다.

지금으로부터 10년 전쯤인 2014년, 저는 한강변에 있는 아파트를 3억 원대에 샀습니다. 지금 그 아파트의 가격은 10억 원대에 육박합니다. 여기에서 아파트값이 하락해 5억 원이 된다면 저는 이 아파트의 가격에 대해 어떤 생각을 하게 될까요?

아파트를 팔아야 하는 상황이라고 생각해 봅시다. 이미 10억 원이라는 매도 기준점이 생겨버렸으니 시세인 5억 원에 아파트를 팔기는 꺼려질 것입니다. 반대로 아파트를 하나 더 사야 하는 상황이라면 어떨까요? 아마 3억 원이라는 매수 기준점 때문에 시세인 5억 원에 사기도 역시 그리 달갑지 않을 것입니다.

아파트값은 그것의 실제 가치, 그리고 수요와 공급에 따라 가격이 결정됩니다. 이전 가격이 3억 원이었든 10억 원이었든 현재의 가격과는 별 관계가 없습니다. 하지만 사람마다 마음속 앵커가 다르기 때문에 누군가에게는 반값이 된 아파트로, 또 누군가에게는 여전히 비싼 아파트로 여겨질 것입니다.

우리는 생활 속에서 수많은 앵커링 효과에 속으며 살아갑니다.

백화점의 50퍼센트 세일이라는 문구에 혹해 100만 원짜리 시계를 50만 원에 산 사람은 그 시계의 최초 판매가가 10만 원이었다는 사실은 상관치 않습니다.

원래 10만 원에 출시되었던 시계인데 인기가 좋아 100만 원까지 올려 팔다가 다시 인기가 시들해져서 반값인 50만 원에 팔게 되었다고 가정해 보겠습니다.

판매원은 "10만 원에도 살 수 있었던 시계인데 50만 원에 팝니다"라고 하기보다는 "100만 원에 팔렸던 시계인데 50만 원에 드립니다"라고 말하는 것이 판매에 훨씬 더 도움이 된다는 사실을 잘 알고 있습니다. 닻을 어디에 내려야 하는지 파악하고 있는 것입니다.

앵커링 효과는 물건을 실제 가치보다 비싸게 사게 할 뿐만 아니라, 투자를 망치게도 하는 고약한 녀석입니다. 원달러환율이 1200원에서 50원 하락해 1150원이 되면 1달러당 1150원 하는 달러가 싸게 느껴집니다. 반대로 1100원이었던 원달러환율이 50원 상승해 1150원이 되면 오히려 비싸게 느껴집니다. 똑같은 1150원이라는 환율을 보고도 어떤 사람은 달러를 사기에 좋은 상황이라 생각하고, 어떤 사람들은 달러를 팔아버리기에 좋은 상황이라고 판단하는 것입니다.

앵커링 효과로 투자를 망치고 싶지 않다면 제대로 된 지점에 닻을 내려야 합니다. 인간의 나약한 멘탈은 쉽게 극복할 수 없기에 닻을 무시하고 판단하는 것 또한 무척이나 어려운 일이기 때문입니다.

'가치 투자'는 이 앵커링 효과를 극복하게 해주는 아주 좋은 투자 방식입니다. 가치 투자는 기업의 내재 가치를 과거의 재무 데이터나 미래 성장성 등을 고려해 종합적으로 판단하고, 그 가치에 맞는 주가를 산정한 후 현재의 주가가 그것보다 낮으면 매수하고, 그렇지 않다면 매도하는 방식으로 투자하기 때문에 앵커링 효과를 무력화시킬 수 있는 것입니다.

하지만 평범한 투자자들이 기업의 가치를 적정하게 판단해 제대로 된 곳에 닻을 내리기란 불가능에 가깝습니다. 잘못된 지점에 닻을 내려 믿고 싶은 것만 보는 확증 편향에 빠져 더 큰 손실을 입게 될 수도 있습니다.

워런 버핏은 "탁월한 기업을 적당한 가격에 사라"라고 하고, 또 누군가는 "적당한 기업을 탁월한 가격에 사라"라고도 하지만 결정적으로 우리는 '탁월한 기업'도 어디인지 잘 알지 못하며, '탁월한 가격'이 도대체 얼마인지도 구분하지 못합니다.

앵커링 효과에 당하지 않기 위해 제가 고안한 방법은 닻을 여러 개 내리는 것이었습니다. 주식 투자를 할 때는 일곱 개 정도만 내리지만, 달러 투자를 할 때는 700개의 닻을 내릴 각오도 되어 있습니다. 기준점이 되는 가격을 분산시켜 앵커링을 무력화하는 전략입니다.

삼성전자를 7만 원에 산 주주는 그것이 곧 주가에 대한 기준점이 됩니다. 삼성전자가 8만 원이 되면 비싸다고 생각하게 되어 결코 크지 않은 수익에 만족하며 주식을 팔아버리기 일쑤입니다. 또 주가가 6만 원으로 하락하면 '폭락'이라는 단어까지 들먹이며 마이너스 통장에 있는 돈을 증권 계좌로 이체합니다. 어떤 회사의 주가가 싼지 비싼지 판단하기 위해서는 그 회사의 내재 가치를 기반으로 책정한 비교적 객관화된 가격을 기준으로 삼아야 더 합리적인데도 말입니다.

분할 매수를 하면 매수 기준점 역시 분산되면서 앵커링 효과로 인한 뇌동매매가 줄어듭니다. 7만원에도 사고, 6만 8000원에도 사고, 6만 5000원, 6만 1000원에도 주식을 산 투자자는 주가가 6만 원이 되었더라도 '폭락'이라고 생각하지는 않을 것입니다.

매도 시에도 똑같습니다. 7만 원에 산 주식이 6만 원으로 하락했다가 6만 8000원이 되면 6만 원까지 하락했던 가격이 기준점이 되어 '이 정도면 많이 올랐으니 손실을 최소화하기 위해 손절매를 하자'라는 비합리적인 투자 판단을 내리기도 하는 것입니다. 하지만 분할 매도를 하게 되면 바로 이전에 팔았던 가격이 기준점이 되어 좀 더 많은 수익을 추구할 수 있게 됩니다.

한때 대한민국의 핫한 키워드 중 하나였던 '내로남불' 또한 앵커링 효과에 의한 착시 중 하나라 할 수 있습니다.

약속 시간에 쫓겨 빨간불에 길을 건너는 행위는 평범한 사람이라면 주위의 눈치를 봐야 하는 가슴 두근거리는 일탈이겠지만, 전과 14범의 조폭 양아치에게는 평범한 일상일 수 있습니다.

윤리나 도덕, 양심과 철학 등 저마다의 기준점이 다르기 때문에 '표창장 위조'라는 행위도 어떤 사람에게는 '합격을 위한 노력' 정도로, 또 다른 사람에게는 '비양심적인 범죄'로 간주되기도 합니다. '멸공'이라는 말도 어떤 사람에게는 '애국심'을 자극하는 표현이 되기도 하지만, 어떤 사람에게는 '평화를 거부하는' 시대착오적인 말로 느껴질 수도 있는 것입니다.

그래서 결론은…
닻을 여기저기 내려 기준을 유연하게 잡을 필요가 있습니다.

사후 확신 편향,
입만 산 고수들을 조심할 것

고장 난 시계도 하루에 두 번은 정확한 시간을 가리킵니다. 투자에 있어 예측만큼이나 위험한 것도 없다는 뜻입니다.

유튜브나 블로그 같은 SNS가 발달하면서 방구석 전문가들의 예언을 투자의 지표로 삼는 우를 범하기가 매우 쉬워졌습니다. 저 역시도 달러 투자에 있어서는 그런 사람들 중 하나일 수도 있음을 부정하기는 어렵습니다.

여러 번 밝힌 바 있고, 지금도 기회가 되면 계속해서 이야기하지만 저는 경제나 재테크, 달러 투자의 '전문가'가 아닙니다. 굳이 포장을 해서 좋게 말하자면 경제적 자유를 찾은

'선배' 혹은 새로운 방식의 달러 투자 경험을 가진 '경험자' 정도가 될 것 같습니다.

전문가專門家에서의 '가家'는 어느 한 분야에 일가를 이룰 만큼 특별한 지식과 능력이 있는 사람을 의미합니다. 사업가, 정치가, 자산가, 저술가, 예술가 등이 그렇습니다.

하지만 '선배先輩'에서의 '배輩'는 후배나 불량배, 소인배처럼 어떤 사람들의 무리를 뜻하며, '경험자經驗者'에서의 '자者' 역시 '사람'이나 '놈'을 뜻합니다. 특별한 지식과 능력이 있는 것이 아닌 그냥 일반적이고 평범한 사람일 뿐이라는 이야기입니다.

사실 전문가 중에서도 간혹 선배나 경험자보다 지식이나 능력이 부족한 사람이 있기는 합니다. 하지만 전문가는 인정할 수 있을 만한 단체에 소속되어 있거나, 학위나 자격증 등으로 어느 정도 공인된 사람들이기 때문에 그들의 말을 참고하는 것은 비교적 위험하지 않습니다. 반대로 실력이 검증된 선배나 경험자가 말로만 떠드는 전문가보다 오히려 더 큰 지식과 능력을 지니고 있을 때도 있습니다.

문제는 공인되지도 않고 경험이 검증되지도 않은 소위

'입고수'들로부터 발생합니다. 입고수들의 가장 강력한 무기는 '사후 확신 편향'이라 불리는 두뇌의 오류입니다.

'삼성'이라는 브랜드는 이름만 놓고 보면 촌스럽기 그지없습니다. 별이 세 개라서 삼성일 터인데, 별이 다섯 개인 '오성'이나 일곱 개인 '칠성'은 별의 개수가 더 많은데도 불구하고 '삼성'의 느낌과는 사뭇 다릅니다. 브랜드는 만드는 것이 아니라 만들어지는 것임을 잘 보여주는 사례라 할 수 있습니다.

사후 확신 편향은 이미 일어난 일의 결과를 보고 그 일이 일어날 것을 처음부터 알고 있었던 것처럼 믿는 인간의 착각을 말합니다.

서울의 아파트값이 오른 이유에 대해 이야기하는 전문가의 말을 듣고 있으면 그가 마지막에 덧붙이는 앞으로의 부동산 가격 전망에도 신뢰가 가게 마련입니다. 그 전문가가 분석을 잘할 수는 있어도 예측은 잘하지 못할 수 있다는 사실을 간과해 버리는 것입니다.

사후 확신 편향이 투자를 망치는 가장 큰 이유는 자신의 예측이 실제보다 정확하다는 착각을 불러일으킨다는 데 있습니다. 주식을 매수한 후 운 좋게 오르는 경험을 한 투자자는 '내 그럴 줄 알았어'라고 생각하며 투자금을 더 늘리게 되는 식입니다.

폭락한 주식을 사고 나서 손실을 입은 투자자에게 방구석 전문가들은 "떨어지는 칼날은 잡지 말라"라고 경고합니다. 하지만 결과가 좋았다면 "공포에 사라"라고 했을 것입니다.

사후 확신 편향의 늪에 빠져 투자를 망치지 않기 위해서는 예측이라는 요소 자체를 제거해 버리는 것이 가장 효과적입니다. 예측을 남발하는 입고수들을 멀리 하는 노력도 필요합니다. 입고수의 예측을 믿고 산 주식이 휴지 조각이 되었을 때 그에게 들을 수 있는 말이라고는 "내 말은 참고만 했어야 했고, 모든 투자 판단과 그 결과는 본인의 몫"이라는 공허한 대답뿐일 것이기 때문입니다.

> 그래서 결론은…
> **내가 한 예측은 결국 틀릴 거라 예측하는 것이 좋습니다.**

처분 효과,
꽃을 뽑고 잡초를 심는 사람들

두 대의 배가 바다로 향합니다. 그런데 둘 중 한 대의 배가 파손되어 물이 새기 시작합니다. 그러자 멀쩡한 배를 버리고 파손된 배로 남은 항해를 합니다. 말도 안 되는 결정이라고 생각했다면 투자할 때는 어떤지 생각해 봐야 합니다.

A와 B 두 개의 종목에 투자를 했습니다. A 종목은 10퍼센트의 손실 상황이고, B 종목은 10퍼센트의 수익 상황입니다. 이때 갑자기 돈이 필요해져서 하나를 매도하려고 합니다. 대부분의 사람들은 A를 두고 B를 팔아버립니다. A는 망가져서 물이 새고 있는 회사이고, B는 멀쩡하게 잘 돌아가

는 회사라 할 수 있는데도 말입니다.

많은 사람이 장기 투자에 실패하는 이유는 '꽃을 뽑고 잡초를 심는 일'을 뇌가 좋아하기 때문입니다. 손실을 확정하는 것보다는 수익을 확정하는 것이 더 마음이 편안합니다.

가격이 오른 주식은 너무 빨리 팔고, 손실이 난 주식은 지나치게 오래 보유하는 현상을 의미하는 '처분 효과'는 비자발적 장기 투자를 유발하는 주범입니다. 계속해서 오르는 주식에 장기적으로 투자해야 더 큰 수익을 얻을 수 있지만 계좌에는 항상 계속해서 하락하는 주식이 담겨 있는 경우가 더 많은 이유입니다.

비자발적 장기 투자와 세트로 움직이는 '물타기'는 처분 효과를 극대화시킵니다.

손실 상황인 종목을 플러스로 만들기 위해 수익이 난 종목을 팔아 손실 종목에 물타기를 하다 보면 분산 투자로 시작했던 계좌가 어느덧 '한 종목 몰빵 계좌'로 변신하게 됩니다. 계좌에 '좋은 종목들' 대신 '나쁜 종목 하나'만 남게 되는 기이한 상황이 연출되는 것입니다.

이와 같은 '처분 효과' 역시 알면서도 피하지 못하는 인간의 나약한 멘탈 때문에 생기는 현상 중 하나라 할 수 있습니다. 이를 해결하기 위해서는 처분 효과를 상쇄할 수 있는 환경을 만들어야 합니다.

저는 처분 효과를 피할 수 있는 유일한 방법은 처분을 하지 않는 것뿐이라 생각했습니다. 손실 종목이든 수익 종목이든 처분 자체를 하지 않는다면 처분 효과도 일어나지 않을 테니 말입니다. 그래서 저의 첫 번째 장기 투자용 계좌에는 손실 종목도 있지만 수익 종목도 공존합니다.

또한 물타기도 하지 않습니다. 주가 하락 시에 추가 매수를 하기는 하지만, 다른 계좌로 하는 것입니다. 그 계좌에서는 첫 번째 장기 투자용 계좌에서는 절대로 하지 않기로 한 처분을 마음껏 합니다. 이처럼 계좌를 나누어 투자하면 나쁜 종목은 계속해서 보유하고 좋은 종목은 너무 빨리 팔아 버리는 처분 효과가 무력화됩니다.

첫 번째 계좌에서 삼성전자를 7만 원에 샀는데 하락합니다. 그래서 두 번째 계좌에서 5만 원에 추가 매수를 합니다. 이때 주가가 반등해 6만 원이 된다면 5만 원에 산 주식을 처분해 버립니다.

손실 중인 첫 번째 계좌의 7만 원에 산 주식은 그대로 두고, 수익 중인 두 번째 계좌의 5만 원에 산 주식만 처분했으니 처분 효과의 늪에 빠진 듯 보일 수 있으나 이 둘은 결국 삼성전자라는 하나의 종목이라는 점에서 처분 효과와는 아무런 관계가 없다고 할 수 있습니다.

그래서 결론은…
물타기 하려다가 아예 빠지는 수가 있습니다.

손실 회피 편향,
비자발적 장기 투자의 늪

우리는 얻은 것보다 잃은 것의 가치를 더 크게 평가하는 마음을 가지고 있습니다. 1만 원을 얻었을 때의 기쁨보다는 1만 원을 잃어버렸을 때의 분노가 더 크다는 것입니다. 오르고 있는 주식을 더 사는 '불타기'보다 하락하고 있는 주식을 더 사는 '물타기'에 더 익숙한 것도 우리의 뇌가 더 얻으려는 욕구보다 잃는 위험에 크게 반응하기 때문입니다. "투자를 해야 경제적 자유를 찾을 수 있습니다"라는 말보다 "투자를 하지 않으면 죽을 때까지 노동을 해야만 합니다"라는 말이 더 자극적으로 들리는 것 또한 같은 맥락입니다.

'손실 회피 편향'은 사기꾼들의 좋은 무기가 되기도 합니다. 빌려간 돈을 오랫동안 갚지 않은 친구가 돈을 더 빌려달라고 하면 합리적이고 이성적인 판단으로는 빌려주지 않는 것이 정상적인 행동입니다. 하지만 관계가 멀어져 이전에 빌려준 돈을 받지 못할까 싶은 마음에 그냥 돈을 빌려주고 관계를 지속하는 사람이 허다합니다.

우리가 손절매를 잘하지 못하는 것 또한 손실 회피 편향 때문이라 할 수 있습니다. 손절매는 '손해를 잘라버리는 매도'라는 뜻을 지니고 있습니다. 영어 표현인 '로스 컷loss cut'도 비슷한 의미입니다.

유망한 사업을 하는 좋은 회사라고 판단해 투자했는데 적자가 개선되지도 않고 횡령이나 배임 같은 사고까지 발생한다면 더 이상 손해가 커지기 전에 '손절매'를 해야 합니다. 하지만 투자해 온 기간도 아깝고, 자신의 실수를 인정하기도 싫고, 무엇보다 손실을 확정하는 것도 싫은 까닭에 손절매를 하지 못하고 비자발적인 장기 투자를 선택하게 됩니다.

손절매를 하지 못하는 이유가 인간의 두뇌 착시인 손실

회피 편향 때문임을 알게 된다 하더라도 달라지는 것은 없습니다. 인간의 뇌가 원래 그렇게 생겨먹었기 때문에 생기는 불가항력에 가까운 일이기 때문입니다.

하지만 다행히 손절매를 하지 않고도 문제가 되지 않을 만한 투자가 있습니다. 달러 투자가 대표적입니다. 달러 투자 역시 원달러환율이 하락하면 손실이 생기는 게 당연하지만, 하방이 너무나도 견고한 까닭에 손실이 커지는 것도 제한적인 구조를 지니고 있습니다. 손실을 잘라낼 필요가 없는 것입니다.

저는 손실 회피 편향으로 손절매를 하지 못하는 것이 문제라면 손절매를 하는 상황 자체를 만들지 않는다면 문제가 되지도 않으리라고 생각했습니다.

변동 폭이 큰 소형, 테마, 잡주의 경우 손절매가 필수입니다. 하방이 크게 열려 있어 손절매 타이밍을 놓쳤다가는 어마어마한 손실을 볼 수도 있기 때문입니다. 무리한 레버리지를 사용하는 경우에도 마찬가지입니다. 손절매를 하지 않고 버티다가는 강제 청산을 당하고 투자의 기회가 영영 사라질 수 있습니다.

반면 대형 우량주에 투자하는 경우에는 주가의 하방이 비교적 견고하기 때문에 손절매의 필요성이 상대적으로 적습니다. 배당주의 경우에도 주가 하락 상황에서도 배당이라는 안전 마진을 통해 손실 헷지가 가능하기 때문에, 오히려 장기적 관점에서 느긋하게 기다리는 것이 손절매보다 더 큰 수익을 가져다줄 때도 많습니다.

제가 '부동산 투자는 풀 레버리지, 주식 투자는 노 레버리지'를 주장하는 이유 중 하나도 부동산 투자의 경우에는 손절매를 해야 하는 상황이 좀처럼 일어나지 않기 때문이기도 합니다. 집값 역시 가격이 하락하더라도 비교적 하방이 견고한 것입니다.

결국 손절매를 자유자재로 구사할 수 있을 만한 경험과 강철 멘탈을 가지고 있지 않다면 손절매를 하지 않아도 될 만한 자산에만 투자를 하는 것이 현명한 선택이 될 것입니다.

비트코인과 같은 가상화폐는 상방도 열려 있지만 하방도 '0'에 수렴할 수 있을 뿐만 아니라 그 변동성도 대단히 높습니다. 유리멘탈 투자자에게는 적합하지 않은 투자 대상입니다. 제가 비트코인 투자를 좋아하지 않는 이유는 만약의 위기 상황에서 손절매를 할 수 없다는 것을 스스로 잘 알고 있기 때문이기도 합니다.

그래서 결론은…
피할 수 없으면 즐겨야 하지만, 피할 수 있다면 피하면 됩니다.

매몰비용,
본전 생각에 발목 잡히기

어떤 일을 추진하고자 할 때 고려해야 하는 비용 두 가지가 있습니다. 바로 기회비용과 매몰비용입니다.

기회비용은 무언가를 얻고자 할 때 선택할 수 있는 비용입니다. 멋지게 보이고 싶어 옷을 사려 한다면 기회비용을 사용할지 말지 선택할 수 있습니다. 비용을 사용해서 얻는 것이 비용보다 큰지 작은지 가늠해 그 선택에 따라 비용을 통제하면 합리적인 소비를 할 수 있습니다.

하지만 매몰비용은 선택할 수 없는, 그리고 통제할 수 없는 비용입니다. 쇼핑몰까지 이동한 교통비가 그렇습니다.

이미 지불을 해버렸기 때문에 옷을 사든 사지 않든 이 비용은 줄어들거나 더 늘어나지 않습니다. 통제 불가한 영역에 있는 비용이며 한마디로 '엎질러진 물'이라는 뜻입니다.

합리적인 판단을 할 수 있는 두뇌를 가지고 있다면 마음에 드는 옷이 있다면 사고 그렇지 않다면 사지 않을 것입니다. 하지만 인간의 마음은 이미 매몰비용을 옷을 사는 데 드는 비용에 포함해 버리고는 비합리적인 판단을 하게 만듭니다. '마음에 든다'는 것을 '가치'로 표현하고 금액으로 산출해 보면 그 이해가 더 쉽습니다.

2만 원의 가치가 있는 옷은 2만 원 이하의 가격이라면 사야 하는 것이고, 그 이상의 가격이라면 사지 않아야 합니다. 그런데 매몰비용인 교통비 1만 원을 계산에 넣으면 결과가 달라집니다. 2만 원의 가치가 있는 옷이 1만 5000원이라면 사는 것이 맞겠지만 교통비를 더해 2만 5000원의 가치는 있어야 적정한 가격이라고 생각을 하는 식입니다.

또한 2만 원의 가치가 있는 옷이 2만 5000원이라면 사지 않아야 함에도 매몰비용이 아까워 그냥 사게 되기도 하는데, 이 또한 비합리적인 선택입니다. 기회비용을 들여야 하는 선택에서 매몰비용은 머릿속에서 지워야 한다는 사실을 간과했기 때문입니다.

옷쯤이야 사든 사지 않든 별문제는 없습니다. 하지만 투자의 세계에서는 매몰비용과 기회비용이 충돌할 때 잘못된 투자 결정을 하는 일이 많습니다. 투자 실패의 경험은 대표적인 매몰비용이라 할 수 있습니다.

주식 투자를 하다가 2000만 원 손실을 입은 사람이 있습니다. 주식 투자는 기회비용을 들여 수익을 얻는 구조입니다. 만약 1억 원의 기회비용을 들여 1000만 원의 수익을 얻을 수 있는 투자가 있다면 이 투자자는 진행을 결정해야 합리적인 선택을 했다고 말할 수 있을 것입니다.

하지만 이 투자자의 마음에는 자신도 모르게 매몰비용이 각인되어 있습니다. 1억 원의 투자금에 매몰 비용 2000만 원까지 더해져 이른바 '본전'을 1억 2000만 원으로 생각하게 되는 것입니다. 그에게 1억 원으로 1000만 원을 얻는 투자는 그리 매력적이지 않아 보일 수밖에 없습니다. 그래서 수익이 적어도 2000만 원 이상 되어야 괜찮은 투자라 생각하게 되어 보다 공격적인 투자를 추구하는 상황이 발생합니다.

만약 이전의 투자로 1000만 원의 수익을 얻은 경험이 있는 투자자라면 매몰비용이 아닌 매몰수익이 마음에 작용할 수도 있을 것입니다. 1억 원으로 1000만 원의 수익을 얻는 투자가 매몰수익을 감안해 9000만 원으로 1000만 원의 수익을 얻는 투자로 인식될 수도 있다는 이야기입니다.

저는 달러 투자로 큰돈을 벌었습니다. 이것은 저에게 모두 매몰수익으로 각인되었습니다. 이 매몰수익은 앞으로도 저의 달러 투자에 긍정적인 영향을 끼칠 것이 당연합니다. 웬만한 손실 상황에서도 견딜 수 있는 힘이 되기 때문입니다.

손실의 경험을 가진 투자자에게는 매몰비용이 무리한 투자를 하게 하는 '악순환'의 시작이지만, 수익의 경험을 쌓은 투자자에게는 마이너스 매몰비용, 그러니까 매몰수익이 더 안전한 투자로 이끄는 '선순환'으로 작용하게 됩니다. 본전이 마이너스인 셈이니 위기의 상황에서도 편안하고 안정적인 투자가 가능해지는 것입니다.

작더라도 수익의 경험을 계속해서 쌓아나가는 것은 매몰비용 효과로 투자를 망치는 일을 줄여주고, 계좌를 나누어 투자하는 것도 매몰비용 효과로 인해 '본전 생각'이 나는 것을 줄여줍니다.

> 그래서 결론은…
> **투자는 수익을 늘리는 게임이기도 하지만**
> **본전을 줄여나가는 게임이기도 합니다.**

문전 걸치기,
수익에 익숙해진다는 것

"이번에 아주 좋은 보험 상품이 나와서 소개를 해드리려고요."

초인종을 누른 후 이런 말을 하는 보험 판매원에게는 보험에 대한 설명을 할 기회조차 없을 것입니다.

"보험 판매원인데요. 목이 너무 말라서 그런데 물 한 잔만 마실 수 있을까요?"

이런 말을 하는 보험 판매원은 적어도 현관문을 열 가능성이 커져 보험을 팔게 될 가능성 역시 전자보다는 높을 것입니다.

'문전 걸치기 전략'이라 불리는 이 마케팅 기법은 거절하기 힘든 작은 부탁을 먼저 하면 결국 큰 부탁도 거절하지 못하게 되는 인간의 심리를 이용한 것입니다. "손만 잡고 잘게"가 오빠를 아빠로 만드는 마법의 문장이라는 사실을 알고, 구경만 하고 가라는 점원의 말에 이끌려 매장 안으로 들어갔다가 결국 물건을 사서 나오는 경험을 해보았다면 무슨 의미인지 어렵지 않게 이해할 수 있을 것입니다.

문전 걸치기 전략을 잘 구사하면 상대방을 설득하는 데 도움이 되겠지만, 반대로 당하는 입장이라면 필요하지 않은 물건을 사거나 어려운 부탁을 들어주게 될 수 있습니다.

우리는 바늘 도둑이 소도둑 되듯 '시작은 미약하였지만 끝은 창대해지는' 일을 많이 겪습니다. 투자에서도 비슷한 일이 벌어집니다. 처음에는 몇만 원, 몇 퍼센트 정도의 손실도 크게 느껴지고 몇 백만 원의 투자금도 많다고 생각합니다. 하지만 시간이 지날수록 손실도 커지고 투자금도 커지는 경험을 할 때가 많습니다. 하지만 이 또한 반대로 적용하면 부정적 효과를 긍정적 효과로 바꿀 수 있습니다.

제가 달러 투자를 처음 시작했을 때 100만 원 정도의 투자금으로 얻을 수 있는 수익은 고작해야 몇천 원 정도에 불과했습니다. 하지만 손절매를 하지 않고 수익 상황에서만 실현을 하는 전략을 꾸준하게 지켜나간 결과 성공의 경험도 계속해서 쌓여갔습니다.

몇천 원의 수익이 계속해서 쌓인다 하더라도 큰 수익이 될 수는 없지만, 성공의 경험이 쌓이는 것은 전혀 다른 차원의 발전을 가져다주었습니다. 잃지 않고 수익을 얻는 성공의 경험이 어느새 습관이 되어버린 것입니다.

달러 투자로 몇천 원을 얻는 것이 습관이 되자 몇 만 원, 몇 십만 원, 몇 백만 원의 수익을 얻는 것도 당연하고 자연스럽게 느껴지기 시작했습니다. 이러한 성공의 경험과 습관은 전혀 다른 성격의 투자 대상이라 할 수 있는 주식 투자에도 그대로 이어졌습니다.

잃는 것이 당연했던 투자가 얻는 것이 당연한 투자로 변하게 된 것입니다.

내가 원하는 것을 다른 사람에게 얻어내기 위해서는 설득이라는 과정을 거쳐야 하듯, 스스로에게도 비슷한 설득의 과정이 필요합니다. 처음부터 너무 무리하게 설득하려고 했다가는 금세 포기할 수 있습니다.

다이어트를 결심한 사람에게는 '10킬로그램을 빼겠어'라는 무리한 다짐보다는 '우선 1킬로그램만 빼보자'라는 생각이 성공 가능성을 높이는 자기 설득이듯, 투자 또한 처음에는 몇천 원 혹은 몇만 원의 수익을 목표로 해야 올바른 투자의 습관을 가질 수 있다는 이야기입니다.

그래서 결론은…
**시작이 반이고, 천 리 길도 한 걸음부터라는 말은
투자에도 통합니다.**

소유 효과,
종목과 일체가 되지 마라

"내 거인 듯 내 거 아닌 내 거 같은 너~"

인간은 자신이 소유한 것에 대해 소유하지 않은 것보다 더 높은 가치를 부여한다고 합니다. 이는 빅토리아대학교의 잭 네치Jack Knetsch 교수가 자신의 학생들을 대상으로 한 '머그컵 실험'으로 증명된 사실입니다.

네치는 학생들을 총 세 개의 그룹으로 나눈 뒤 1그룹의 학생들에게는 머그컵을 주고, 2그룹의 학생들에게는 초콜릿을 주었습니다. 그리고 3그룹의 학생들에게는 머그컵과 초콜릿 둘 중 하나를 자유롭게 선택해서 가져가게 했습니다. 그 결과 3그룹의 학생들의 선택은 반반이었다고 합니다. 머그컵과 초콜릿의 효용성과 가치가 비슷했음을 알 수 있습니다.

잠시 후, 네치는 1그룹의 학생들에게 원한다면 처음에 강제로 소유하게 한 머그컵을 초콜릿으로 바꾸어줄 수 있다고 했지만 약 10퍼센트 정도만 이에 응했다고 합니다. 마찬가지로 2그룹의 학생들에게도 똑같은 제안을 했지만 결과는 비슷했습니다. 처음에 소유했던 초콜릿을 머그컵과 바꾼 학생은 10퍼센트 정도에 불과했던 것입니다.

내 집, 내 옷, 내 음식 등 인간의 소유욕은 자신이 소유한 물건이나 재산에 더 높은 가치를 부여합니다. 이는 비이성적인 판단의 원인이 되기도 합니다. "남의 떡이 더 커 보인다"라는 말도 단지 떡 하나를 더 먹고 싶은 극단적 소유욕의 발현이라는 사실이 증명된 셈입니다.

"종목과 결혼하지 말라"라는 주식 격언은 이러한 '소유 효과'가 투자를 망칠 수 있음을 경고하는 말입니다. 특정 종목을 오래 보유하다 보면 소유 효과로 그 가치를 과대평가할 가능성이 높고, 따라서 합리적인 투자 판단이 어려워진다는 것입니다.

하지만 소유 효과 역시 다른 인지 편향들과 마찬가지로 잘 알고 있으면서도 스스로는 극복할 수 없는 마음의 착시를 불러일으킵니다. 손실 상황에서의 비자발적 장기 투자는 손실 회피 편향에 의한 것이라 할 수 있지만, 수익 상황에서의 비자발적 장기 투자가 진행되는 경우는 '보유 편향'이라고도 말하는 이러한 소유 효과로 의한 것일 가능성이 더 큽니다.

제가 공모주 청약을 통해 30만 원에 산 LG에너지솔루션은 상장 첫날 두 배인 60만 원까지 올랐습니다. 만약 이때 수익을 실현했다면 수익률은 100퍼센트가 되었을 것입니다. 하지만 매도 타이밍을 놓쳐버렸고, 이후 주가는 45만 원 아래까지 하락한 후 지금은 50만 원이 되었습니다.

첫날의 100퍼센트까지는 아니지만 70퍼센트 정도의 수익도 훌륭한 성과입니다. 그럼에도 불구하고 소유 효과 때문에 지금 가격에 팔아버리는 것이 아깝게 느껴집니다. 급기야 60만 원이라는 가격에 앵커링 효과까지 더해져 이제는 최소 60만 원은 되어야 만족할 만한 가격 수준이라고 각인되어 버렸습니다.

50만 원이던 주가가 60만 원이 되려면 약 20퍼센트가 상승해야 합니다. 합리적이고 이성적으로 판단해 본다면 이 주식을 팔고 저평가되어 있는 다른 종목에 투자하는 것이 더 낫다고도 할 수 있습니다. 머리로는 아는데 마음으로는 안 되는 이러한 마음의 착시들이 투자를 망치는 요인이 되는 것입니다.

저 역시도 이런 글을 쓰고 있는 와중에도 LG에너지솔루션을 50만 원에 팔 마음이 전혀 없습니다. 인간의 나약한 멘탈이 투자를 어떻게 망치는지를 보여주는 좋은 사례라 할 수 있습니다. 만약 LG에너지솔루션을 나누어 사고 나누어 파는 시스템으로 통제했다면 소유 효과는 그 위력을 제대로 발휘하지 못했을 것입니다. 어쩔 수 없이 한 방에 산 주식이라 팔 때도 한 방에 팔고 싶은 마음이 멘탈을 지배하게 된 것입니다.

그래서 결론은…
나누어 팔고 싶다면, 나누어 사야 합니다.

행동 편향,
'뭐라도 해야 하지 않나'라는 생각

페널티킥을 할 때 축구 선수들은 골대의 좌측, 우측, 그리고 중앙 세 가지 방향 중 한 방향으로 킥을 한다고 합니다. 그리고 그 비율은 각각 33퍼센트 정도로 비슷합니다. 하지만 공을 막아내는 골키퍼가 중앙에서 가만히 있는 경우는 좌측이나 우측으로 몸을 날리는 경우보다 현저하게 적다고 합니다. 놀랍게도 '가만히 서 있다가 골을 막아내지 못하면 아무런 노력도 하지 않은 것처럼 보일 수도 있다'라는 생각 때문입니다.

살면서 '가만히 있으면 중간은 간다'라는 말을 그토록 많이 들으면서도 어쩐지 우리 인간은 가만히 있지 못하게 생긴 모양입니다.

"인간의 모든 불행은 그들이 방 안에 조용히 머물러 있지 못하는 데 있다." 파스칼의 말입니다.

행동하지 않는 것보다 행동하기를 선호하는 현상인 '행동 편향'은 어떤 일을 해결해야 하는 상황에서 가만히 있기보다는 뭐라도 해야 더 좋은 결과가 있을 거라는 믿음에서 비롯된다고 합니다. 그리고 이 믿음은 종종 비합리적인 선택을 만들어냅니다.

투자를 하면서 내가 사면 내리고 내가 팔면 오르는 상황을 여러 번 경험하고 나면 '긁어 부스럼'이라는 속담의 의미를 뼛속 깊이 새기게 됩니다.

하지만 안타깝게도 행동 편향 역시 머리로는 알면서도 어찌할 수 없는 마음의 착각입니다. 그렇기 때문에 정신없이 오르내리는 주식 시장에서 실패의 원인 중 하나가 되는 일이 많은 것입니다.

팔고 나서도 더 팔고, 사고 나서도 더 사는 분할 매수·분할 매도 투자 시스템은 행동 편향을 다스리는 데도 효과가 있습니다.

이유는 단순합니다. 주가가 올라 수익을 실현하고 싶은 마음이 든다면 팔아버리면 되기 때문입니다. 또 주가가 하락해 더 사고 싶다면 사면 그만입니다. 즉 계속해서 행동할 수 있는 빌미를 제공받을 수 있는 것입니다.

그래서 결론은…
가만히 있기 힘들다면,
가만히 있지 않아도 괜찮은 시스템을 활용하면 됩니다.

존버가 필요할 때는
언제인가

주식 투자에는 아주 중요한 기술이 하나 있는데, 바로 '존버'입니다. 그런데 많은 사람이 이 기술을 잘못 사용하곤 합니다. 상승하는 주식에 사용해야 하는데 하락하는 주식에 사용하는 것입니다.

하락하는 주식에 사용해야 할 기술은 따로 있습니다. 방망이를 짧게 잡고 기회가 있을 때마다 수익 실현을 하는 것입니다. 하락장에서는 존버보다는 '익절'을 통해 치고 빠지는 전략이 더 효과적입니다.

1~2퍼센트 정도의 수익에 주식을 파는 것을 보고 고작 그

정도로 유의미한 수익을 얻을 수 있겠느냐는 질문이 있었습니다. 1퍼센트의 수익도 열 번이면 10퍼센트가 된다는 것을 달러 투자나 엔화 투자를 해보았다면 어렵지 않게 이해할 수 있을 것입니다.

반대로 상승장에서는 일정한 투자 기간을 정해놓거나 높은 수익률 목표를 달성했을 때 팔아도 좋지만, 가능하면 존버로 배당이나 받아가며 팔지 않을 것을 추천합니다.

1퍼센트의 수익 실현은 100퍼센트의 수익을 위한 과정일 뿐입니다.

투자에 있어 '존버'는 꼭 필요한 일입니다. 시장이 공포를 넘어서 패닉의 영역으로 접어드는 극한의 상황까지 다다르면 할 수 있는 일 또한 극히 제한됩니다. 이때 존버가 시작되는 것입니다.

존버가 예전에는 게임 '스타크래프트'의 저그가 땅속으로 버로우해서 숨어 버티며 때를 기다린다는 뜻으로 사용되었다고 하는데, 지금 널리 통용되는 의미와 크게 다를 바 없는 것 같습니다.

이 말이 대중에게 널리 알려지게 된 데에는 가상화폐의

역할이 가장 컸으리라 생각됩니다. 한때 2000만 원에 가까운 가격에 거래되던 비트코인은 400만 원까지 폭락했다가 최근에는 1억 5000만 원을 넘겼습니다. '존버'가 가상화폐 같은 투기성 자산에서조차 그 전략적 가치를 어느 정도 입증하지 않았나 하는 생각이 듭니다.

가상화폐 투기 열풍에 힘입은 존버는 긍정적이고 밝은 느낌보다는 부정적이고 무모한 느낌이 더 강한 게 사실입니다. 하지만 주식 투자에서 존버는 '장기 투자'라는 의미로, 그리 나쁜 전략만은 아니라고 생각합니다.

물론 의도한 바는 아니나 갑작스러운 주식 시장의 폭락으로 비자발적이고 반강제적으로 존버하게 된 경우가 더 많을 것입니다. 하지만 회사에 대한 확신 부족으로 공포를 견디지 못하고 손절매를 감행하거나, 반대 매매를 당할 수밖에 없는 구조로 투자한 것만 아니라면 존버라는 그리 나쁘지 않은 전략을 사용할 기회를 얻을 수 있습니다.

제가 주식 투자가 카지노 도박과 다르다고 생각한 가장 큰 이유가 바로 이 부분에 있었습니다. 도박은 기본적으로 존버라는 전략 자체가 허용되지 않습니다. 잃으면 그냥 그것으로 끝입니다. 이 말을 논리적으로 대입해 보면 반대 매매를 당했다는 것은 주식 투자를 도박처럼 했다는 것을 의미하기도 합니다.

저는 개인적으로 인생을 통틀어 가장 힘들고 어려웠던 시기를 꼽으라고 하면 한 치의 망설임도 없이 군대에 가 있었던 2년 6개월을 이야기합니다. 비자발적이고 반강제적으로 지내야 했던 군 생활 동안 저에게 존버의 정신이 없었다면 절대로 무사히 제대의 기쁨을 얻을 수 없었을 것입니다.

세상의 모든 일에는 끝이 존재합니다. 영원을 의미하는 강력한 보석 다이아몬드조차도 섭씨 3800도의 열을 가하면 재로 변해버린다고 합니다.

물론 좋은 회사의 좋은 주식의 경우에나 해당되는 이야기이기는 하겠지만, 존버를 하다 보면 겨울이 녹아 봄이 되듯 하락의 끝과 상승의 시작은 반드시 올 것입니다.

> 그래서 결론은…
> **때로는 버텨야만 얻을 수 있는 것이 있습니다.**

단 한 번이라도
영혼을 끌어 모은 적 있는가

제가 생각하는 투자와 도박의 차이 중 가장 대표적인 것은 '투자 손실을 확정시킬 수 있는 게 나인가, 남인가'입니다. 신용이나 미수로 주식 투자를 하는 경우 단 하루 만에도 반대 매매로 나의 손실 확정 권한을 남, 그러니까 증권사에게 빼앗기게 됩니다. 그래서 주식 투자 시에는 절대로 레버리지를 사용해서는 안 된다고 하는 것입니다.

하지만 부동산 투자 시에는 손실의 확정 권한을 은행에게 빼앗기는 상황, 즉 부동산이 경매로 넘어가는 상황이 빠르고 흔하게 일어나지는 않습니다. 레버리지를 일으켰다 하더라도 이자 비용을 감당할 수만 있다면 시간을 무기로 삼고 기다려 자산을 지켜낼 수 있으며, 수익을 얻을 수도 있습니다.

하지만 요즘과 같은 고금리 상황이 되면 이야기가 달라집니다. 고금리의 대출 상품은 수요가 감소하고, 그에 따라 대출 없이는 매수가 어려운 부동산 수요도 함께 감소합니다. 자연스럽게 부동산 가격도 하락합니다. 담보 가치도 따라 하락하며 은행에서는 그 하락만큼의 대출금을 회수하려고 합니다. 감당 가능했던 이자 비용까지 늘어나면 결국엔 내가 가지고 있던 손실의 확정 권한을 은행에게 빼앗기게 됩니다. '투자가 도박이 되는 순간'을 맞닥뜨리게 되는 것입니다.

이처럼 가파른 금리 상승은 그 누구도 예측할 수 없는 일입니다. 분명 투자를 했지만 도박이 된 것이 내 잘못은 아니라는 의미입니다.

물론 금리가 상승하거나 집값이 하락할 때를 대비해서 감당 가능한 레버리지를 이용해 투자했다면 이와 같은 상황을 미리 대비할 수 있었을 것입니다. 하지만 '무지함과 욕심'은 실수일 수 있어도 '남에게 손가락질을 당하고 비난받을 만한 나쁜 짓'은 아닙니다. 불과 1년 전만 하더라도 부러움의 대상이었던 '영끌' 아파트 소유자 중 어떤 사람들은 그보다 더 몇 년 전에는 '하우스 푸어'라며 놀림을 받던 사람들이었습니다.

저 역시도 그랬습니다.

부러움의 대상이었던 용기 있는 투자자를 욕심 많은 실패자로 만든 건 그들이 아니라 예측할 수 없는 미래였던 것입니다.

세상은 다시 한번 반복됩니다.

지금의 영끌 실패자들도 시간이 지나고 나면 고통과 고난을 이겨내고 승리한 자산가가 될 수도 있다는 말입니다. 그러니 지금 해야 하는 일은 낙담과 후회가 아니라 상황을 헤쳐 나갈 지혜와 노력입니다.

안도현 시인의 유명한 시를 인용하여 이렇게 이야기하고 싶습니다.

영끌 욕하지 마라.

너는 한 번이라도 영혼을 끌어 모을 정도로 최선을 다해
보았느냐.

그래서 결론은…
영혼을 끌어 모았다면, 그 영혼을 최선을 다해 지키면 됩니다.

잃는 것이 무섭다면
무섭지 않은 만큼 잃어라

근육은 운동으로 찢어지고 파열된 후 회복되면서 커진다고 합니다. 손상된 근육이 재생으로 부피가 증가되듯, 자산 역시 비슷한 과정을 통해 증가됩니다. 투자를 통해 수익을 얻는 것도 근육 운동을 통해 근육의 크기를 키우는 일과 유사합니다.

근육 파열의 고통이 두려워 운동을 하지 않으면 근육이 커지지 않거나 오히려 빠지기도 하듯, 손실의 고통이 두려워 투자를 하지 않으면 자산도 커지지 않습니다. 대부분의 사람들은 운동을 귀찮아하고, 또 싫어하지만 소수의 사람들은 근육 파열의 고통을 놀이나 취미처럼 즐기기도 합니다.

과학적으로도 근력 운동의 과정에서 엔돌핀이나 도파민이 분비된다고 하니 근거 없는 말은 아니라고 할 수 있습니다. 멋진 근육을 가진 이들이 그러하듯 많은 돈을 가진 부자들은 손실의 고통을 이겨냈을 뿐 아니라 고통을 넘어 즐기기까지 할 수 있었던 것입니다.

운동이 어렵고 힘든 것처럼 투자 역시 쉽지 않습니다. 하지만 손실이 회복되어 더 큰 자산이 되었을 때의 짜릿함을 경험하지 못한다면 투자는 그저 괴로운 일일 뿐이며, 멀리해야 하는 일이 될 수밖에 없습니다.

힘든 운동도 무게를 나누고 시간을 나누어 하면 덜 고통스럽습니다. 투자도 투여되는 자금을 나누고 조금씩 천천히 하면 그 고통을 줄일 수 있습니다. 멋지고 큰 근육을 가진 이들은 더 무거운 덤벨을 들고 더 빠른 시간에 더 크고 멋진 근육을 만들어내기도 합니다. 고통의 무게를 견딜 수 있는 근육을 이미 가지고 있기 때문입니다.

하지만 힘도 모자라고 근육도 부족한 이가 감당하기 힘든 무게를 들어 올리는 무리한 운동을 시도한다면 다치거나 죽을 수도 있습니다. 이와 같이 투자의 실력도 투자의 경험도 부족한 이가 큰 수익을 얻고자 큰돈을 무리하게 투자하면 비슷한 결말을 맞이하게 됩니다.

투자 또한 감당할 만한 수준의 작은 손실의 고통을 지속적이고 반복적으로 받아들여 익숙해질 수 있도록 해야 합니다.

운동으로 인한 근육 파열의 고통이 근육을 키우기 위해 반드시 필요한 일이듯, 투자로 인한 손실의 고통은 자산이 커지기 위해 반드시 필요한 일이며 나누어 사고 나누어 파는 행위를 통해 손실의 고통과 수익의 짜릿함을 습관화해야 합니다.

그래서 결론은…
손실은 자산 증가의 자연스럽고도 당연한 과정입니다.

예금 이자보다 못한 수익을 마주할 때

수학 시험에서 50점을 맞은 A 학생과 B 학생이 있습니다. 똑같은 성적이기는 하지만 과정은 크게 달랐습니다. A 학생은 모든 문제를 단 5분 만에 찍어서 맞혔습니다. 반면 B 학생은 밤새워 공부하고 노력해서 풀었지만 답을 절반밖에 맞히지 못한 것이었습니다. 다음 수학 시험에서는 누가 더 좋은 성적을 거둘까요?

투자를 하다 보면 손실을 입을 때가 많습니다. 은행 예금 이자 정도의 수익률만 지켜내도 감지덕지일 때도 많습니다. 예금 이자 수준도 되지 않는 수익률 성적표를 받으면 '열심히 책도 읽고 공부도 했는데 이게 맞는 건가?' 하는 자괴감이 들기도 합니다. 하지만 수학 시험에 관한 앞선 이야기처럼 투자를 경험한 자와 그렇지 않은 사람의 미래는 크게 달라집니다.

특히나 사회초년생 시절부터 적은 투자금으로 잃더라도 계속해서 투자를 하고 공부하고 경험을 쌓는다면 수입도 늘고 투자금도 많아졌을 때 비로소 그 대가를 얻게 될 것입니다. 굶어서 뺀 살과 피땀 흘려 운동을 통해 뺀 살은 몸무게라는 결괏값은 같아도 그 본질은 다릅니다.

제가 은행 예금 이자에 안주하는 길을 선택했다면 단 며칠 만에 은행 예금 이자의 몇십 배에 달하는 수익을 거둘 수 있는 공모주 투자도 몰랐을 것이고, 지금은 세 배 이상 가격이 상승한 아파트와 건물도 제 것이 아니었을 것이며, 달러 투자로 경제적 자유를 찾지도 못했을 것입니다.

수업료는 학교나 학원뿐만 아니라 투자의 세계에도 필요합니다.

가슴 아픈 손실도, 은행 예금 이자에도 못 미치는 허탈한 수익도 나중에는 경험과 노력의 대가가 되어 더 큰 수익으

로 돌아옵니다. 찍기로 얻은 은행 예금 이자와 밤새워 공부
해서 얻은 투자 수익을 동일한 성적으로 생각하는 오류를
범해서는 안 된다는 이야기입니다.

그렇다면 기회를 도약의 발판으로 삼기 위해서는 어떻게
해야 할까요? 제가 제안하는 몇 가지 방법이 있습니다.

1. 레버리지는 절대 사용하지 마세요. 하락장에서는 1층
아래에 지하가 존재합니다. 장기간 지하에 갇히게 될 수도
있음을 잊어서는 안 됩니다. 하지만 레버리지는 시간을 무
기로 만드는 것을 불가능하게 합니다.

2. 더 나누어 사세요. 싸다는 생각에 욕심을 부리면 시장
은 바로 다음 날 귀신같이 더 싼 가격을 제시합니다.

3. 더 싸게 살 수 있는 현금을 확보하세요. 투자금을 늘리
라는 말이 아닙니다. 작은 반등, 작은 수익에도 분할 매도를
통해 수익 실현을 해두라는 말입니다.

4. 긍정의 마인드를 가지세요. 투자의 세계에서 '탐욕'의
반대말은 '공포'입니다. 실패한 투자자는 상승할 때 탐욕을,
하락할 때는 공포를 느낍니다. 하지만 성공하는 투자자는
이와 반대로 생각합니다. 하락장에서 공포를 이겨내기 위해

서는 '위기가 곧 기회'라는 긍정의 마인드가 필요합니다.

'투자는 무슨… 그냥 예금이나 할걸.'

'본전만 찾으면 투자는 때려치워야지.'

'내가 왜 투자를 해가지고 이런 고생을 하나.'

이런 생각을 하며 성공한 투자자는 단 한 명도 존재하지 않습니다.

성공하든 실패하든 일단 투자를 하고 있어야 하고, 실패하더라도 그 경험이 다음 도전에 성공 확률을 높일 수 있는 유의미한 경험이 되도록 해야 합니다.

그래서 결론은…

구더기가 무서우면 장을 담그지 못하고,

지렁이를 두려워하면 낚시로 고기를 잡지 못하며

하락장이 무섭고 두려우면 투자로 돈을 벌 수 없습니다.

자산은
시나브로 늘어난다

언젠가 지상파 TV에 초대를 받아 방송 출연을 한 적이 있습니다. '경제적 자유를 찾은 사람들'에 관한 이야기를 다루는 프로그램이었는데, 촬영하기 전에 작가와의 사전 인터뷰가 있었습니다.

지상파 TV답게 정말로 '경제적 자유를 찾은 사람이 맞는지' '사기꾼은 아닌지' 확인과 검증 절차를 거쳐야 했습니다. 결국 보유 중인 부동산들의 등기 권리증과 주식 계좌의 투자금 같은 것들을 보여주어야 했습니다. 심지어 부동산 자산을 어떻게 늘렸는지도 설명해 주어야 했습니다.

하나하나 기억을 더듬어보니, 2024년 현재의 실거래가 기준 55억 원 정도가 된 부동산 자산은 계약서에 기재된 원래의 매수가 기준으로는 모두 합쳐 20억 원 정도였습니다. 최초의 매수가로로터 거의 세 배 가까이 오른 것입니다.

그러자 흙수저 출신의 평범했던 월급쟁이가 20억 원이라는 큰돈은 또 어디서 나서 그 많은 부동산을 매수했는지도 밝혀달라 합니다. 이 부분은 저 역시도 신기하다는 생각이 들었습니다.

"그러게요…. 저는 어디서 그렇게 큰돈이 났을까요?"

또 다시 기억을 더듬어보니 대부분의 자금은 레버리지, 그러니까 대출, 더 쉽게 얘기하면 '은행에서 빌린 돈'이었던 것으로 밝혀졌습니다. 주택담보대출에 신용대출, 그것도 모자라 신용카드 현금 서비스까지 동원해 나쁜 말로는 '영끌', 좋은 말로는 '풀 레버리지'로 산 빌라가 그 시작이었습니다.

빌라의 가격이 오르자 전세를 놓고, 그 전세금과 또 다른 대출을 합쳐 아파트를 사고, 그 아파트의 전세금과 새로운 대출을 더해 건물을 사고…. 이렇게 반복해 나가다 보니 모두 합쳐 20억 원 규모의 부동산을 매수하게 되었고, 이 과정에서 들어간 제 돈은 고작 2억 원 정도에 불과했다는 사실을 알게 되었습니다.

내 돈 2억 원으로 18억 원의 레버리지를 일으켜 산 부동산이 55억 원이 되었으니 결국 2억 원으로 37억 원의 수익을 얻은 셈입니다. 투자 수익률이 무려 1850퍼센트입니다. 부동산 투자 고수나 전문가도 놀랄 만한 엄청난 수익률입니다.

참고로 그사이 노동과 절약 그리고 달러 투자와 주식 투자로 대출금을 꾸준히 갚아나간 덕분에 현재 남은 대출 원금과 임대한 부동산의 보증금은 총 10억 원 정도 수준입니다. 약 20여 년의 노력에 운이 더해져 2억 원이었던 부동산 순자산이 이제는 45억 원의 순자산으로 늘어나게 된 것입니다.

검증을 하던 작가님도 "현타가 온다"는 우스갯소리와 함께 놀랐다고 했지만, 사실 저도 놀랐습니다. 오랜 시간에 거쳐 천천히, 느껴지지 않을 만큼 느리게 일어난 일들이었습니다. 그렇기 때문에 저 스스로도 어렴풋이 짐작만 했던 것입니다.

그렇게 기억을 더듬어 70억 원 정도의 총 자산을 모두 확인시켜 주고 무사히 검증을 마칠 수 있었습니다.

'왜 열심히 투자하고 노력해도 자산이 늘어나지 않을까?'

투자를 하다 보면 이렇게 답답하고 조급한 생각이 들 때가 많습니다. 당신이 평범한 투자자라면 시간만이 해결해 줄 수 있는 일입니다. 부동산이든 주식이든 꾸준히 모아가다 보면 인플레이션의 힘으로 다 늘어나게 되어 있습니다. '나도 모르는 사이에' 말입니다.

투자 수익은 헬리콥터처럼 수직으로 이륙해서 올라가지 않습니다. 운 좋게 높이 올라가더라도 금세 수직 낙하를 하게 되는 경우가 더 많습니다. 책을 읽고 유튜브 영상을 보고 열심히 공부를 하는데도 투자 수익은 그대로라면 지극히 정상적인 현상입니다. 투자 수익은 마치 비행기처럼 날아오르기 위한 '활주의 과정'이 필요하기 때문입니다.

투자 실력을 다지는 일은 비행기가 전속력으로 활주로를 달려가듯 고되고 힘든 일입니다. 하지만 이륙 가능한 속도에 도달하면 서서히 날아오르기 시작합니다. 그리고 목표한 높이에 도달하면 편안하고 안정적인 비행이 가능합니다.

이때부터는 안전벨트를 풀고 자유롭게 움직이며 기내 서

비스로 제공되는 시원한 맥주도 마실 수 있습니다. 구름 위를 날아다니며 행복해질 수 있다는 이야기입니다.

행복한 비행을 위해서는 활주로를 달리는 노력과 힘이 필요합니다.

'잃지 않는다는 것은 그냥 제자리라는 말 아냐?'

'잃지 않는다고 해서 수익을 얻을 수 있을까?'

이런 생각으로 무리한 수직 이륙을 시도해서는 안 됩니다. 잃지 않는 경험이 쌓여야 날아오르기 위한 추진력이 됩니다.

> 그래서 결론은…
> 투자 수익은 늘지 않고 있지만 투자 실력이 쌓이고 있다면 이제 남은 것은 '날아오르는 일'뿐입니다.

우리 인생이 흑자로 돌아설 때는 언제인가

우리의 인생을 손익으로 따져본 흥미로운 기사를 본 적이 있습니다. 우리는 16세 때까지 인생 최대의 적자를 보인다고 합니다. 그리고 10여 년이 흘러 27세가 되어서야 겨우 흑자로 돌아서고, 42세가 되면 흑자의 정점을 기록하지만 61세가 되면 다시 적자로 전환된다고 합니다. 볼록한 형태의 그래프가 자연스럽게 떠오릅니다.

경제적 자유의 기본은 '쓰는 것보다 버는 것이 더 많은 상태를 유지하는 것'인데, 노동을 주 소득원으로 삼으면 결국 경제적 자유를 찾을 수 없다는 사실을 보여주는 통계 결과라 할 수 있습니다.

생애 주기에서 시기마다 어떤 소비가 가장 많은지 조사하면 유년층은 교육 소비, 노년층은 보건 소비의 영향이 크다는 것도 눈여겨볼 대목입니다. 이는 곧 교육비를 줄이거나 미리 건강을 지켜 병에 걸릴 확률을 줄이면 적자의 폭도 줄일 수 있다는 뜻이기 때문입니다.

하지만 유년층과 노년층이 적자를 보이는 더 큰 이유는 더 많이 소비해서가 아니라 소득이 없거나 더 적기 때문일 것입니다. 노동 소득의 한계를 적나라하게 보여주는 이 자료를 보고도 '투자'를 필수가 아닌 선택으로 여긴다면 적자 인생을 벗어나기 힘듭니다.

부동산 가격의 하락, 주식 시장의 침체… 투자의 위기 상황을 겪다 보면 '투자는 무슨 투자, 역시 노동이 제일이었어'라는 착각을 하게 되기도 합니다.

투자 시장에 거품이 잔뜩 끼었을 때는 '돈 복사'라는 말이 나돌 정도로 '노동 소득'을 폄하하는 분위기가 횡행하였음을 상기해 보면 인간은 환경의 지배를 받는 동물이라는 말에 고개를 끄덕일 수밖에 없습니다.

노동과 투자, 무엇이 더 중요할까요? 하지만 이 질문에 대한 답은 의외로 간단합니다. 노동과 투자 둘 다 중요하다는 것입니다.

통계 자료에서도 알 수 있듯 노동 소득이 클 때는 노동에 더 많은 역량을 쏟으면 됩니다. 노동력이 가장 비쌀 때 최대한 많이 생산해 공급하는 것입니다. 이후 노동 소득이 감소해 가는 상황에서는 투자를 통해 노동 소득을 대체할 수 있는 소득을 만들어내면 됩니다.

우리는 16세가 될 때까지 소득 한 푼 없이 적자 인생을 살아가지만, 그 누구도 이 기간을 쓸모없고 불필요한 시기라 생각하지 않습니다. 보다 많은 노동 소득을 만들어내기 위해 돈과 시간을 투자하는 기간이라는 것을 알고 있기 때문입니다.

마찬가지로 지금 우리가 투자로 잃고 있는 돈과 시간들은 보다 큰 투자 소득을 만들기 위한 준비 과정입니다.

투자는 원래 돈이 들어가는 일입니다. 학비를 아낀다고 학교에 가지 않으면 좋은 직업으로 돈을 벌 수 없듯, 돈을 잃지 않기 위해 투자를 하지 않는다면 투자 소득도 기대할 수 없다는 이야기입니다.

그래서 결론은…
지금 잃고 있는 돈은 인생에 투자된 돈입니다.
그리고 결국은 더 큰돈이 되어 돌아오게 될 것입니다.

4장

———

인생

부자는
어디에 시간을 쓰는가

마음껏 시기하고 질투한 뒤
따라 하라

대부분의 사람은 성공한 사람을 보며 가장 먼저 시기와 질투를 느낍니다. 사촌이 땅을 사면 배가 아픈 것이 인간 본성입니다. 그가 나보다 먼저 성공했다면 내가 그에게 배울 것이 있다는 뜻이지만, 시기와 질투는 눈을 멀게 하고 합리적 행동을 가로막습니다.

성공한 사람의 생각과 경험을 배우고 따르는 게 나의 발전에도 도움이 되리라는 사실을 잘 알고 있음에도 불구하고 일단은 부정하고 욕을 하면 훨씬 더 마음도 편하고 쉽기 때문입니다.

한마디로 부러우면 지기 때문에 정신 승리라도 하려는 것입니다.

물론 성공한 모든 사람에게 배울 만한 점이 있다고는 말할 수 없습니다. 그중에는 사기꾼이 있을 수도 있고, 단순히 운이 좋았던 사람이 있을 수도 있습니다. 하지만 그의 성공이 사기인지 운인지, 아니면 정말로 발전적인 생각과 행동 덕분인지에 대해서도 질투심만으로는 제대로 가려낼 수 없습니다.

저는 인간의 본성을 거스르는 것이 어려우며 아예 불가능하다고까지 생각하는 사람입니다. 오죽하면 '사람은 고쳐 쓰는 것이 아니다'라는 말을 저 스스로에게 적용해 투자를 할 때도 특정한 시스템이 저를 통제할 수 있도록 만들어두었을 정도입니다.

시기와 질투의 감정 역시 억누르거나 거스르기 어렵습니다. 아무것도 없는 사람이 100억 원을 지닌 이에게 갖는 시기와 질투는 100억 원을 지닌 사람이 1000억 원을 지닌 사람에게 느끼는 감정과 별반 다르지 않습니다.

그런데 이 시기와 질투의 감정이 꼭 부정적인 결과만을

초래하는 것은 아닙니다. 잘만 하면 동기부여라는 아주 좋은 성공 요소로 활용할 수 있기 때문입니다.

요즘 매체에서 자주 보이는 '곽튜브'라는 성공한 여행 유튜버는 자신보다 훨씬 앞서 성공한 유튜버 '빠니보틀'을 보면서 '나는 저 사람보다 더 잘할 수 있을 것 같은데?'라고 생각했다고 합니다.

그가 그 순간 시기와 질투의 감정으로 먼저 성공한 이를 비난하기에 급급하거나 그러한 감정을 느끼는 상황을 회피했다면 지금과 같은 성공을 이루어낼 수 있었을까요? 저는 아니라고 생각합니다. 그는 시기와 질투의 감정을 동기로 삼아 '노력'했기에 지금의 성공을 이룰 수 있었습니다.

시기와 질투는 누구나 쉽게 느끼는 감정이지만 그것을 부정적인 에너지로 소비하고 마느냐, 긍정적인 동기부여로 활용하느냐에 따라서 그 결과는 180도 달라집니다.

제가 달러 투자로 경제적 자유를 찾았다고 했을 때 반응을 보인 사람들도 크게 두 가지 유형으로 나뉘었습니다. 시기와 질투의 감정을 악플과 욕설로 뱉어내는 사람들과 '가만히 얘기를 들어보니 나도 충분히 할 수 있을 것 같은데?'

하며 공부해 보기로 하고 따라서 배운 사람들입니다.

이 두 무리의 사람 중 달러 투자로 경제적 자유를 이룬
이들이 실제로 등장했는데, 당연하게도 전자의 무리에 속한
사람은 단 한 명도 없었습니다.

그래서 결론은…
성공한 사람들을 시기하고 질투하세요. 그다음에는 배우세요.

세상은 불공평해서
감사한 것

가난했던 시절 이런 생각을 했습니다.

'세상은 너무 불공평해!'

그런데 경제적 자유를 찾은 지금은 이런 생각이 듭니다.

'세상이 불공평해서 감사합니다.'

만약 세상이 공평했다면 남들보다 좋은 차를 타고 다니지 못했을 테고, 남들처럼 매일 출퇴근에 시달리며 살았을 테니 말입니다.

꿈에서 군대에 한 번 더 가라는 청천벽력 같은 통보를 받았습니다. 나는 이미 한 번 다녀왔는데 왜 또 가야 하냐며

"이건 너무 불공평하다"라고 절규를 했습니다. 그랬더니 '공평하게' 해주겠다고 합니다. 이미 군대를 한 번 다녀왔으니 이병이 아닌 병장으로 시작하게 해주겠다고 말입니다. 그 말에 트라우마 가득한 이병 시절을 떠올리고는 그나마 다행이라고 생각하며 군대에 갔습니다.

그런데 두 번째로 군대에 가게 된 나뿐만 아니라 군대에 처음 가는 이들까지 포함해 모두가 똑같이 공평하게 가슴에 병장 계급장을 달고 있습니다. 그제야 공평이 오히려 불공평할 때도 있음을 알게 되었습니다.

남들이 일할 때도 쉴 때도 변함없이 일하고, 피 같은 돈을 잃어가며 고통으로 쌓은 투자 실력으로 경제적 자유를 찾았는데 남들과 똑같은 차를 타고 똑같이 일해야 한다면 오히려 '불공평한 일'이라 할 수 있을 것입니다.

운이 아주 좋아 로또 1등에 당첨된 이에게는 아주 당연하게도 6등에 당첨된 이와 공평하지 않은 당첨금이 지급됩니다. 열심히 노력했는데도 운이 따라주지 않아 실패하는 경우조차도 이런 구조에서 자유로울 수 없습니다. 열심히 노력하고 운까지 따라준 이와 공평한 결과를 얻게 되면 불공평하기 때문입니다.

세상이 불공평하다며 노력조차 하지 않는다면 '긁지 않으면 당첨될 수 없는 복권처럼' 원하는 대로 아주 공평한 결말을 맞게 될 것입니다.

안타깝게도 불공평한 세상을 공평하게 바꾸는 일은 불가능에 가깝습니다. 위대한 사상가나 철학자 그리고 역사적으로 뛰어난 정치가들도 해내지 못했으니 말입니다. 하지만 불공평한 세상에 감사하며 사는 방법은 존재합니다.

우리는 TV나 SNS를 통해 부자들이 불공평한 세상에 감사할 수밖에 없다는 사실을 알게 됩니다. 이코노미 클래스 티켓을 산 승객과 퍼스트 클래스 티켓을 구매한 승객은 공평하지 않은 좌석에서 공평하지 않은 서비스를 받습니다. 그 어떤 승객도 항공사의 이 공평하지 않은 서비스에 불만을 제기하지도 개선을 요구하지도 않습니다.

하지만 퍼스트 클래스 티켓을 구매하는 것은 누구라도 가능합니다. 티켓을 사고 나면 180도로 눕혀지는 시트에 앉아 고급 와인을 마시며 '불공평해서 감사하다'라는 생각을 하게 될 것입니다.

세상이 불공평하다며 자포자기하면 노력하지 않은 자와 노력한 자가 공평하지 않은 '공평한 세상'에서 살게 된다는 점이 삶의 아이러니입니다.

그래서 결론은…
돈을 번다. 퍼스트 클래스 티켓을 산다. 퍼스트 클래스를 탄다.
이것이 퍼스트 클래스 타는 법의 전부입니다.

'가족을 위해서'라는
착각

나의 행복보다는 가족의 행복을 더 우선시하는 사람이 많습니다. 젊었을 때는 부모님이 원하는 삶을 위해 부모님이 원하는 대학과 직장에 갑니다. 나이가 들면 자식들이 좋은 대학, 좋은 직장에 갈 수 있도록 밤낮으로 일을 합니다. 나의 행복이 아닌 가족의 행복을 위해 사는 악순환이 계속되는 것입니다.

가족에 대한 사랑은 조건 없는 사랑이고 당연히 해야 할 희생이라고들 하지만 과연 정말로 그럴까요?

자식이 본인의 기대만큼 행복하지 않으면 그 부모는 불

행해질 수밖에 없습니다. 나는 내 부모님의 자식이니 내가 불행해진다면 내 부모님의 행복도 성립되지 않을 것입니다. 결국 내 행복을 포기하면서 힘들게 키워낸 자식이 성공하지 못한다면 가족 모두가 불행해지는 것입니다.

이 악순환을 끊어내는 방법은 '누군가를 위해서'가 아니라 '모두가 행복하기 위해서' 되도록 합리적인 선택을 하는 것입니다.

물론 가진 것이 차고 넘쳐서 남는 것이 있다면 사랑하는 가족을 위한 비합리적인 판단을 해도 됩니다. 부모님과 아이들이 행복해하는 모습을 보면 나 또한 행복할 것입니다. 하지만 가족을 위해 하는 비합리적인 행위의 결과는 가족의 행복이라는 의도와는 다를 가능성이 큽니다. 앞서 말한 전제 조건처럼 대부분의 사람은 가진 것이 차고 넘치지 않기 때문입니다.

'비록 나는 못 입고 못 먹더라도 우리 아이들만은 좋은 옷을 입히고 좋은 음식을 먹여야 한다'라는 생각도 결국 내 행복을 추구하는 방식 중 하나일 뿐입니다. 이를 희생이라 착각해서는 안 됩니다.

'맛있는 짜장면을 내가 먹어서 나의 행복을 직접적으로 추구할 것인가' 혹은 '내 아이가 짜장면을 맛있게 먹는 모습을 보며 간접적으로 행복을 추구할 것인가' 이 두 가지 중 하나의 선택일 뿐이라는 이야기입니다.

누군가에게는 전자의 선택이, 또 누군가에게는 후자의 선택이 더 행복합니다. 결국 짜장면이 싫다며 아이에게 양보하는 것도 희생의 마음이 아니라 행복을 추구하는 취향 중 하나입니다.

생각해 보세요. 짜장면을 양보하는 게 '희생'이 되기 위해서는 내 아이보다 훨씬 더 배고픈 다른 아이에게 양보했어야 합니다. 나의 행복을 포기해야 희생이라 할 수 있기 때문입니다.

부모님 그리고 아이들을 위해 내가 희생하고 있다는 생각은 착각임을 깨달아야 합니다. 그래야만 돈을 사용할 때 합리적이고 이성적인 판단이 가능해집니다. 돈을 부모님의 보약이나 아이들의 사교육, 즉 가족의 행복을 위해 비합리적으로 쓰기보다는 투자나 자기계발 같은 좀 더 생산적인 활동에 우선 투여하게 되는 것입니다. 이렇게 한정된 자본을 더 효과적이고 효율적으로 사용한 결과는 가족 모두의 행복이 될 확률이 큽니다.

이는 가진 것이 없던 시절에 제가 했던 생각이기도 합니다. 누군가는 제가 아이들에게 사교육을 시키지 않은 이유가 대단한 교육적 철학이나 신념 같은 것이 있기 때문이라고 생각합니다.

하지만 아이가 삼성전자에 들어가서 일하도록 돈을 투자하기보다는, 이미 그곳에 들어갈 만큼 잘 배운 사람이 수두룩하게 모여 있는 삼성전자에 투자하는 게 낫다는 아주 합리적이고 이성적인 판단에 근거한 행동이었습니다.

학원에 보낸다고 해서 내 아이가 삼성전자에 들어갈 만큼 공부를 잘할 가능성은 낮다고 생각했습니다. 동시에 '삼성전자에 들어간다 한들 과연 행복할까?'라는 생각도 들었던 것입니다.

지금 결과만 놓고 본다면 그때의 생각은 아주 합리적이고 잘한 판단이라고 할 수 있습니다. 투자에 성공했고, 지금은 가족 모두가 행복해졌으니까요.

삼성맨이 될 아이의 미래에 투자하는 대신 지금의 삼성전자에 투자했더니, 아이를 삼성전자에 보내지 않아도 될 만큼 잘 먹고 잘 살 수 있게 된 것입니다.

가족을 위해 하는 모든 일은 희생이 아닙니다. 희생이라고 착각하고 있지만 결국 내 가족의 행복, 곧 나의 행복을 위한 일들일 뿐입니다.

> 그래서 결론은…
> **조금이라도 더 행복해지고 싶다면,**
> **조금이라도 더 합리적으로 생각할 수 있어야 합니다.**

오랜 친구를 잃는 건
자연스러운 일이다

어릴 적 알고 지내던 친구를 만났습니다. 그런데 너무 오랜만의 만남이어서 그런지 관심사도 다르고 이야기도 잘 통하지 않았습니다. 그가 변했는지 내가 변했는지는 알 수 없었지만 이러다가 이 친구를 잃게 되는 건 아닌가 하는 걱정까지 들었습니다.

슬픈 예감은 틀리지 않았고 지금은 그 친구와 연락이 끊긴 지 오랩니다. 그가 나를 끊어낸 것인지 내가 그를 끊은 것인지 모호하기는 하지만 결과적으로는 그렇게 되었습니다.

"너 변했어"라는 말에 "넌 바뀐 게 없네"라고 답할 수 있어야 한다는 어느 성공한 자산가의 인간관계에 대한 조언대로라면 이러한 변화는 지극히 자연스럽고 당연한 일입니다.

'유유상종'이라는 말이 있습니다. '끼리끼리 만난다'라는 말도 있습니다. 한마디로 그 친구와 저는 더 이상 같은 곳을 바라보지 않는, 다른 종류의 사람이 된 것입니다.

여기서 중요한 사실이 하나 있습니다. 옛 친구를 잃은 일이 내 삶을 발전시키는 데 방해 요소가 되지는 않았다는 것입니다. 오히려 새로운 지인들이 옛 친구를 대신해 빈자리를 채워주었습니다. 그들은 관심사도 같고 이야기도 잘 통할 뿐 아니라 실제로 저의 발전에도 도움이 되었습니다.

우리는 살아가면서 수많은 사람과 만나고 헤어지기를 반복합니다. 그리고 새로운 사람과 새롭게 관계를 맺는 것은 플러스 요소이지만 오랜 친구나 지인과 관계가 끊어지는 것은 마이너스 요소라고 생각합니다. 인간관계는 양보다 질이 더 중요한데도 말입니다.

나무가 크게 성장하려면 가지치기가 필요하듯, 불필요하고 방해가 되는 인간관계라면 정리하는 것이 서로의 발전에 더 도움이 됩니다.

나보다 돈이 많거나 부자인 사람하고만 어울려야 한다는 이야기가 아닙니다. 지금 제가 새롭게 관계를 맺고 가까이 지내고 있는 사람들 대부분은 저보다 돈이 많지 않습니다.

꼭 관심사가 같거나 뜻이 통하거나 '윈윈'을 할 수 있는 사람만이 나의 발전에 도움이 된다는 이야기도 아닙니다. 시시껄렁한 농담만 나눈다 할지라도 만나면 즐겁고 기분이 좋아진다면 그 사람은 나에게 도움이 되는 이라 할 수 있습니다.

입안에서 살살 녹는 맛있는 음식도 살이 찔까 두려워 자제하는 마당에 맛없는 음식을 꾸역꾸역 먹을 필요는 없습니다.

영어를 잘하고 싶다면 외국에 가서 외국인 친구를 사귀거나 영어를 잘하고 싶어 하는 사람들이 모인 영어학원에서 그들과 친분을 쌓는 게 좋을 것입니다.

마찬가지로 경제적 자유를 찾고 싶다면 돈과 투자에 관심 있는 사람들과 가까이하고, "행복은 돈으로 살 수 있는 게 아니야" 따위의 말을 하는 사람들과는 멀어지는 편이 좋습니다.

돈에 대한 관심과 생각이 바뀌게 되면 친구와 지인도 자연스럽게 바뀔 수밖에 없습니다.

아니, 친구와 지인을 바꿔야 생각을 바꿀 수 있습니다.

오랜 친구를 잃고 싶은 사람은 없습니다. 하지만 과거의 정이나 연을 끊어내지 못한다면 대신 나와 내 가족의 행복으로 가는 길이 끊길 수도 있습니다.

긍정의 에너지로 함께 발전할 수 있는 사람을 가까이하느냐, 옛 추억 이야기에 밤새 술잔을 기울이며 즐길 수 있는 친구를 가까이하느냐에 따라 나의 미래도 달라질 거라는 이야기입니다.

손절은 주식 투자뿐 아니라 인간관계에도 필요합니다.

그래서 결론은…
주변 사람을 바꿔야 내 미래도 바꿀 수 있습니다.

부자와 친목을 쌓는
유일한 방법

"부자가 되고 싶다면 부자 옆에 있어라."

"부자가 되려면 부자에게 점심을 사라."

이 말들은 꼭 부자에게만 국한된 것이 아닙니다. 어떤 분야에서 내가 원하는 목표를 이룬 훌륭한 사람과 가까이 지내다 보면 그의 행동과 습관 그리고 생각까지 닮아가면서 나 또한 목표를 이룰 수 있다는 이야기입니다.

하지만 그들과 가까워지는 일은 생각처럼 쉽지 않습니다. 그들 역시 자신과 비슷하거나 더 훌륭한 사람과 가까이 지내기를 바라기 때문입니다. 따라서 그들과 친해지는 가장 현실적인 방법은 나도 그들이 친해지고 싶다고 생각할 만큼 훌륭한 사람이 되는 것입니다.

1. 훌륭한 사람과 친해지면 나도 훌륭한 사람이 될 수 있다.
2. 내가 훌륭한 사람이 되면 훌륭한 사람과 친해질 수 있다.

어찌 보면 간단한 이치이지만, 마치 '닭이 먼저냐, 달걀이 먼저냐'의 논쟁처럼 앞뒤가 서로 잘 맞지 않는 일이기도 합니다. 훌륭한 사람을 만나야 훌륭한 사람이 될 수 있는데, 훌륭한 사람이 되어야 훌륭한 사람을 만날 수 있다니 말입니다.

하지만 다행히도 방법은 있습니다. 저 역시도 요즘 만나는 사람들의 이른바 '레벨'이 많이 달라지고 있음을 느낍니다. 하루아침에 일어난 변화는 아니었습니다. 사람에게 등급을 매기는 표현 자체가 잘못된 것이니만큼 불편하게 느껴지겠지만, 이 책에서 계속 이야기하듯 세상에는 부정하고 싶은 진실이 존재합니다.

백화점에서는 비싼 명품을 많이 사 간 고객을 높은 레벨의 VIP로 환대하고, 학교에서는 전교 1등인 학생을 우등생이라 부르며, 회사에서는 좋은 성과를 낸 직원에게 높은 연봉과 직급을 부여하기도 합니다.

내가 레벨 1의 상태였을 때 친해질 수 있는 사람의 최고 수준은 레벨 2 정도였습니다. 내가 레벨 2가 되자 가까이하는 사람들의 수준 역시 레벨 3 그리고 레벨 4까지 올랐습니다. 그리고 레벨 3이 되었을 때는 레벨 3의 사람들과 쉽게 어울리게 되었고, 레벨 4나 5의 사람들과도 친분을 쌓을 수 있게 되었습니다.

레벨 1의 사람이 로또에 당첨되듯 운 좋게 레벨 10의 사람과 친해지기는 어렵습니다. 혹여 만나게 되더라도 그 관계가 지속되기는 힘들 것입니다.

제가 레벨 3 수준이었을 때의 일입니다. 운 좋게 레벨 8 정도의 유명인과 해외로 골프 여행을 간 적이 있습니다. 2박 3일이라는 짧지 않은 시간 동안 동고동락했지만, 더 이상의 친분을 쌓을 수는 없었습니다.

제가 하려는 말은, 결국 하나씩 단계를 밟아나가며 레벨 8이나 9가 되어야 비로소 레벨 10의 사람과 어울릴 수 있다는 것입니다. 하지만 이 방법으로도 처음에 제기한 닭과 달걀의 관계를 극복하기는 어렵습니다.

우리는 훌륭한 사람을 만나려면 스스로 훌륭해져야 한다는 한계를 벗어나기 힘듭니다. 훌륭한 사람이 쓴 글이나 책을 통해 그의 생각을 배우고 행동을 따라 함으로써 스스로 발전해 나가는 노력을 하는 수준에서 크게 벗어나기는 어려운 것입니다.

하지만 아주 다행히도 또 하나의 방법이 존재합니다. 바로 가깝게 지내고 싶은 훌륭한 사람에게 그가 필요한 것을 제공해 주는 것입니다.

아무리 부자라도 모든 일을 스스로 해결할 수는 없습니다. 집을 지을 때는 목수의 도움이 필요하고, 복잡한 세금을 계산하려면 세무사의 도움을 받아야 합니다. 레벨이 높은 사람도 자신보다 레벨이 낮은 사람과 만날 수밖에 없는 구조인 것입니다.

"저는 부자와 만날 기회가 없어요. 집을 지을 기술도 없고 세무사도 아니거든요."

단 몇 초만 다르게 생각해 봐도 우리 주위에 생각보다

'나보다 레벨이 높은 사람들'이 많이 존재한다는 사실을 알 수 있습니다. 반에서 10등 하는 학생은 반에서 1등 하는 친구에게 그게 무엇이 되었든 친절을 베풀 수 있습니다. 대리 직급인 나는 나보다 레벨이 높은 부장님과 점심을 먹으며 이야기를 할 수도 있습니다.

"대리에 불과한 제가 점심을 함께하자고 하면 부장님이 싫어하실 수도 있지 않을까요?"

오랫동안 부장으로 회사 생활을 한 제 경험에 따르면 그럴 가능성은 제로에 가깝습니다.

회사에서 회식을 하면 사장님 옆은 가장 나중에 채워집니다. '좋은 기회'는 내 주위에 항상 있었던 것입니다. 이 모든 이야기를 종합해 보면 이렇습니다.

1. 훌륭한 사람과 친해지고 싶다면 내가 먼저 그의 수준 근처 정도까지라도 훌륭해져야 한다.

2. 스스로 훌륭한 사람이 되기 위해서는 먼저 나보다 조금이라도 훌륭해 보이는 주변 사람과 친해져야 한다.

3. 훌륭한 사람과 친해지는 과정은 '한 방'이 아니라 '단계'다.

4. 나보다 훌륭한 사람과 친해지는 가장 좋은 방법 중 하나는 그가 필요한 것을 제공해 주는 일이다.

그래서 결론은…
나보다 훌륭한 사람에게 보여줘야 할 것은
질투가 아니라 친절입니다.

결혼도 돈으로 얻어야만 하는 '좋은 것' 중 하나다

노동력이 곧 생존력이었던 옛날에는 결혼과 아이 또한 생존과 직결되는 아주 중요한 요소였습니다. 나이가 들어 노동이 불가능한 상황에서는 사냥이나 농사가 불가능했을 테니, 나를 대신해 노동을 해줄 배우자나 아이가 필요했습니다.

하지만 요즘은 세상이 달라졌습니다. 돈만 있다면 가족이 없어도 생존이 가능하니까요. 경제적인 관점에서만 본다면 결혼과 아이는 오히려 짐이 될 가능성이 큽니다. 가족을 부양할 생활비와 아이를 학원에 보내고 케어하는 데 들어가는 돈만 잘 모아놓으면 나이가 들어 더 이상 노동을 할 수 없는 상황에도 생존이 가능해집니다.

저 역시도 가끔 아직은 어린 아이들이 제공하는 노동력에 감탄할 때가 있습니다. 아이가 넷이나 되다 보니 더 많이 체감하는 듯한데, 이를테면 마트에서 잔뜩 장을 보고 나서도 짐을 옮기는 것이 그리 어렵지 않을 때 특히 그렇습니다. 하지만 한편으로는 이런 생각도 듭니다. '만약 나에게 돈이 없었다면 이 녀석들을 키우기가 정말 힘들었겠구나.'

아이들이 부모에게 가져다주는 행복감은 돈으로 환산할 수 없을 만큼 큰 가치임을 부정할 수 없습니다. 그럼에도 불구하고 경제적인 관점으로만 보면 결혼과 육아는 가성비가 그리 좋지 않은 행위라 할 수 있습니다.

이런 생각을 하다 보면 결혼이라는 제도가 지금은 오히려 생존에 방해가 되는 요소라는 결론에까지 도달하게 됩니다. 돈을 위해, 즉 생존을 위해 결혼과 아이를 포기한다는 것은 어찌 보면 경제적으로는 지극히도 합리적인 판단일 수 있는 것입니다.

그런데 이런 말을 하면 쏟아질 비난이 벌써부터 들려오

는 듯합니다.

"너는 이미 결혼도 하고 아이도 넷이나 있으니 할 수 있는 말이지. 돈 때문에 결혼도 못 하고 아이도 포기해야 하는 사람들에게 어떻게 그런 무책임한 말을 할 수 있어?"

그런데 잘 생각해 보면 이런 말보다는 "결혼도 하고 아이도 낳아야 합니다. 가족은 돈으로도 살 수 없는 귀한 것이기 때문입니다"라는 말이 오히려 더 무책임하지 않나 싶습니다.

시쳇말로 돈 한 푼 보태주지도 않을 거면서 말입니다.

우리는 좋은 집에 살고 좋은 차를 타기 위해 '노력'이라는 것을 합니다. 돈 때문에 좋은 집과 좋은 차를 포기하는 사람들을 가엾게 여기지는 않습니다. 좋은 집, 좋은 차가 없는 사람은 그냥 그만큼의 노력을 하지 않은 사람이겠거니 하고 생각할 뿐입니다.

사랑하는 사람과 화목한 가정을 이루는 것은 어쩌면 좋은 집에 살고 좋은 차를 타는 것보다 훨씬 더 가치 있고 행복한, 한마디로 '좋은 일'에 틀림없습니다. 그런 좋은 일에는 반드시 돈이 필요하고, 당연히 그 돈을 위한 노력도 필요합니다. 그러나 우리는 좋은 집, 좋은 차를 얻기 위해서는 노력해야 한다는 사실은 이해하면서 좋은 가족은 노력하지 않아도 쉽게 얻어야 마땅하다고 생각합니다.

좋은 집에 살고 싶은데 그만한 능력이 되지 않는다면 '대출'이라는 레버리지로 그 순서를 바꿀 수 있습니다. 마찬가지로 좋은 가족을 얻고 싶을 때도 일종의 레버리지를 통해 그 순서를 바꾸는 것이 가능합니다.

2007년, 저의 신혼집은 보증금 500만 원에 월세 25만 원짜리 옥탑방이었고, 네 아이의 사교육비로 지난 15년간 지출한 돈은 0원이었습니다. 당시의 내 능력으로는 좋은 가족을 얻을 시간도 돈도 모자라다는 사실을 알고 있었기에 먼저 가족을 이룬 후, 노력해서 부족한 것들을 해결하자고 생각한 것입니다.

돈 때문에 결혼도 못 하고 아이도 못 낳겠다고 생각하고 있다면 스스로 이렇게 물어보기 바랍니다.

'나는 그 좋은 것을 얻기 위해 얼마나 노력하고 있는가? 노력할 각오는 하고 있는가?'

앞서 이야기했듯 좋은 집, 좋은 차가 경제적으로 합리적인 선택이 아니듯 좋은 가족도 경제적으로는 합리적인 선택이 아닙니다. 그냥 얻으면 좋기 때문에 좋은 집, 좋은 차처럼 얻으려고 노력해야 하는 것 중 하나입니다.

좋은 차를 타고 다니면서 돈 때문에 결혼을 못 하겠다고 말한다면 그냥 결혼과 아이보다 차를 선택했을 뿐입니다. 그게 핑계가 될 수는 없습니다. 돈 때문에 결혼도 못 하고 아이도 못 갖는 것이 아니라 그냥 그것을 얻는 데 노력을 들이지 않기로 선택했을 뿐임을 스스로 인정해야 합니다.

좋은 집, 좋은 차를 포기하는 것이 동정이나 비난을 받을 일이 아니듯 좋은 가족, 그러니까 결혼과 아이도 포기하는 일 또한 동정할 일도, 비난받을 일도 아닙니다.

결혼과 아이는 그냥 개인이 선택하는 '좋은 것들' 중 하나일 뿐입니다. 그러니 결혼에 대해서는 '돈 때문에' 좋은 것을 얻지 못한다고 생각할 것이 아니라, '돈 덕분에' 좋은 것을 얻게 되었다고 생각해야 합니다.

"돈이 없기 때문에 좋은 집, 좋은 차를 얻을 수 없어요"라는 말보다 "돈이 많은 덕분에 좋은 집, 좋은 차를 얻을 수 있어요"라는 말이 더 합리적으로 들리듯, 돈은 좋은 것을 갖게 해주는 고마움의 대상입니다. 돈이 좋은 것을 포기하게 하는 비난의 대상이 되어서는 안 됩니다. 돈도 자신을 고맙고 귀하게 여기는 사람을 더 좋아하기 때문입니다.

그래서 결론은…
좋은 집, 좋은 차 그리고 결혼과 아이까지
'좋은 것'을 얻는 데는 그만한 노력이 필요합니다.

돈을 빌려달라는
친구의 급한 연락에 대하여

'친구 잃고 돈 잃는다'라는 말이 있습니다. 저는 이 말에 전적으로 동의합니다. 돈 앞에서 비열해지는 사람을 너무나도 많이 봐왔기 때문입니다. 오죽하면 '돈 앞에서는 부모 형제도 소용이 없다'라는 말이 나왔을까요? 물론 그 돈이 자신의 경제 수준에서 없어도 될 정도로 적은 돈이라면 이야기가 조금 달라지겠지만, 사실 세상에 없어도 되는 돈이란 애초에 존재하지 않습니다.

제게도 사회초년생 시절, 월급의 절반 정도를 친구에게 빌려주고 돌려받지 못한 경험이 있습니다. 미안한 마음에

갚으라는 말도 하지 못하고 전전긍긍하며 시간을 보냈지만, 돈을 빌려간 친구는 기억조차 하지 못했습니다. 돈은 잃어도 친구는 잃지 말아야겠다고 생각한 저는 그 돈을 그냥 깨끗하게 포기해 버렸습니다.

그때 제 마음에 깊이 새겨진 말은 이것이었습니다. '젊었을 때 떼인 돈은 미래의 큰 재산이다.'

그 이후로도 저에게 돈을 빌려달라는 사람은 많았지만 젊은 시절의 이 경험 덕분에 단칼에 거절할 수 있었습니다. 정말로 미래의 큰 재산이 된 것입니다.

친한 친구가 해외에서 어려운 일을 당해 돌아오지 못하고 있는 아주 긴급한 상황에서조차 시원하게 거절을 했을 정도였습니다. 참고로 그 친구와는 지금도 여전히 잘 지내고 있습니다.

지인에게 돈을 빌려야 할 정도라면 은행 같은 제도권에서 감당하기 힘든 채무가 있다는 뜻이고, 그러면 갚을 가능성이 희박하다고 할 수 있습니다. 물론 저마다의 사정이 있겠지만 대부분은 그렇다고 봐야 합니다.

특별한 경우, 예를 들면 아파트 잔금이 부족하거나 잠시

자금이 엉켜 급하게 도움을 청하는 경우가 있기는 합니다. 이때는 제대로 된 절차와 합리적인 방법을 밟아 채무 관계를 만들면 됩니다. 계약서를 쓰고, 인감 날인을 하고, 이자율과 담보를 설정하고, 경우에 따라서는 공증까지 받아놓는 것입니다. 은행에서 돈을 빌려줄 때 그러하듯 돈을 갚을 능력이 되는지 제대로 검증을 해야 한다는 뜻입니다.

만약 친구 사이에 그렇게까지 해야 하느냐고 화를 낸다면, 피 같은 돈도 빌려주는데 그 정도도 못 해주냐며 더 크게 화를 내면 됩니다. 애초에 그런 제안에 이성을 잃고 화부터 내는 친구라면 빠르게 손절을 하는 게 더 나을 수 있습니다. 반대로 돈을 빌려야 하는 경우라면 친구에게 돈을 빌리기 전에 계약에 관한 자세한 내용을 먼저 제시하는 것이 매너 있는 행동입니다.

위급한 상황에 100만 원을 빌려달라는 친구에게 "100만 원은 빌려줄 형편이 안 되니 10만 원만 도와줄게"라고 말하는 것도 현명한 방법 중 하나입니다. 물론 돌려받지 못할 돈이라고 생각하는 편이 좋습니다.

이처럼 적은 금액조차도 너무나도 귀해서 그냥 줄 수 없다면 "나도 다른 곳에서 구해볼게" 정도로, 상대방의 마음이 아프지 않게 거절하는 게 현명한 선택이라 할 수 있습니다.

돈을 빌려주지 않아 친구를 잃는 것도 젊은 시절 걱정거리 중 하나입니다. 하지만 돈을 빌려주지 않았다고 연락이 끊어질 친구였다면 애초에 인생에 도움이 되지 않을 이였음이 명확해질 뿐입니다.

돈 빌리는 얘기를 하다 보니 실생활에 아주 유용한 한 가지 팁이 생각나서 공유하자면, 주식이든 부동산이든 높은 연봉이든 돈 자랑을 하는 친구의 입을 단박에 틀어막을 수 있는 강력한 한마디가 있습니다. 바로 다음과 같은 말입니다.

"그래? 마침 잘됐다! 그럼 나 돈 좀 빌려줘!"

그래서 결론은⋯
친구가 돈을 빌려달라고 할 때 돈이 많다면
그냥 주는 게 좋습니다. 그렇지 않다면 거절을 하되
함께 걱정하며 돈 대신 도움이 될 일을 찾아봐야 합니다.

아는 만큼 보이지만
보이지 않는 곳도 존재한다

빨대의 구멍은 몇 개일까요? 아무 생각 없이 '두 개'라고 대답했다면 다시 한번 잘 생각해 보세요. '아, 그럼 한 개?' 라고 대답했다면 한 번 더 생각해 보세요.

빨대의 구멍이 두 개라고 생각하는 사람들의 주장은 이 렇습니다.

1. 빨대의 위쪽이 뚫려 있고 아래쪽도 뚫려 있으니 두 개다.
2. 한쪽을 막으면 구멍이 한 개가 되니 2에서 1을 뺀 결과 하고도 같다.

3. 건물의 앞뒤에 문이 있으면 출입구는 2개인 것과 같은 이치다.

그렇다면 빨대의 구멍이 한 개라고 생각하는 사람들의 주장은 어떨까요?

1. 빨대는 하나의 긴 구멍이 있는 것뿐이다.
2. 도넛의 구멍이 두 개라고 할 수 없는 것과 같다.

자, 이제 선택해 보기 바랍니다. 빨대의 구멍은 한 개일까요, 아니면 두 개일까요?

제가 경제적 자유를 찾을 수 있었던 중요한 비결 중 하나는 '유연한 사고'와 '오픈 마인드' 덕분이었습니다.

빨대의 구멍이 한 개일 수도 있고 두 개일 수도 있는 것처럼, 세상에 일어나는 모든 일, 특히 돈과 관련한 일에 대해서는 다층적이고도 유연한 사고를 할 수 있어야 합니다. 꽉 막히고 편협하며 편견에 가득 찬 머리로는 돈으로 돈을 버는 일이 그리 쉽지 않습니다.

그렇다면 유연한 사고와 오픈 마인드는 어떻게 해야 가

질 수 있는지 궁금할 것입니다.

부자가 되기 위해서는 부자의 조언이 담긴 책을 읽으면 되듯, 유연한 사고와 오픈 마인드에 대해 배우기 위해서는 역시 창의적인 아이디어로 성공한 사람들이 하는 이야기에 귀를 기울여야 합니다.

저는 경제적 자유를 찾았습니다. 그래서 저의 필명인 '경제적 자유를 찾아서'의 올바른 발음은 이제 '경제적 자유를 찾아써'입니다.

이미 경제적 자유를 찾은 제가 그 비결과 노하우를 전하려는 이유는 아주 간단합니다. 이게 돈이 되기 때문입니다. 경제적 자유를 찾고자 하는 분들에게 도움이 되어주고, 저또한 그 과정에서 경제적 자유를 지속시킬 수 있으니 악어와 악어새처럼 아주 괜찮은 공생관계라는 생각이 듭니다.

'그 좋은 걸 혼자만 알고 있을 것이지, 왜 다른 사람에게도 알려주는 걸까?'

이런 의심을 하는 분도 많을 테지만, 답은 의외로 간단합니다. 비단 저뿐만 아니라 글을 쓰고 책을 내고 인터뷰를 하는 거의 모든 사람의 공통적인 이유일 것입니다. '선한 영향력'이라는 것도 알고 보면 '돈이 되는 일'이라서 가능하다는 뜻입니다.

이제 의심은 어느 정도 거두었을 테니, '경제적 자유를 찾기 위해 필요한 마음'에 대한 조언을 오해 없이 좀 더 순수하게 받아들일 수 있으리라 생각합니다. 제가 경제적 자유를 찾는 데 큰 역할을 한 마음가짐 중 하나도 바로 '유연한 사고'였습니다.

세상을 살아가다 보면 '안 될걸'이라는 생각이나 '불가능'에 부딪힐 때가 많습니다.

'달러 투자는 변동성도 낮고 거래 비용도 커서 단기 트레이딩은 불가능해!'

'적당한 주식을 적당한 가격에 사면 적당한 수익밖에 얻지 못할 거야!'

'블로그에 글을 쓴다고 돈이 나오겠어?'

'오르면 돈이 벌리는 건 알지만, 내려도 돈을 벌 수 있다고?'

이 생각들은 시도도 하기 전에 가졌던 고정관념이었습니다. 하지만 직접 해보니 그렇지 않았습니다.

유연한 사고로 고정관념의 틀을 깨지 못하면 경제적 자유를 누리는 삶이 아닌 일반적이고 평범한 삶을 살 수밖에 없습니다.

저는 은행 계좌의 이체 한도가 10억 원입니다. 아마도 은행에서 계좌 이체 한도를 최고로 설정해 보셨다면 1일 이체 한도와 1회 이체 한도가 각각 '5억 원'과 '1억 원'이라는 사실을 잘 아실 겁니다.

본인이 뭔가를 잘 알고 있다고 착각하는 사람들은 제 은행 계좌 이체 한도가 10억 원이라고 하면 "어디서 '구라'야"라고 반응했을 것입니다. 최고 이체 한도는 5억 원과 1억 원이라는 고정관념의 선을 넘지 못했기 때문입니다.

달러나 엔화에 투자를 하게 되면 움직이는 현금의 규모가 점점 더 커지게 됩니다. 저 역시도 처음에는 회당 100만 원 정도로 투자했지만 투자의 경험과 노하우가 쌓이게 되면서 점점 더 그 규모가 커졌고, 급기야는 하루 이체 한도 5억 원과 1억 원으로는 많은 불편함을 겪게 되었습니다.

하지만 지금은 그렇지 않습니다. 아는 만큼 보이지만, 다 알 수는 없기에 '보이지 않는 것'도 세상에는 존재한다는 사실을 인정하고 선을 넘기 위해 노력해야 한다는 이야기입니다.

'빨대의 구멍은 한 개일까, 아니면 두 개일까?'

이것만 고민해서는 안 됩니다. '빨대는 구멍이 없다'라는 생각도 할 수 있어야 합니다. '빨대는 본래 구멍이 없었던 직사각형을 돌돌 말았을 뿐이고, 따라서 완성된 빨대에도 구멍이 없다'라고도 할 수 있어야 하는 것입니다.

그래서 결론은…
'불로소득은 나쁜 거야' '주식 투자는 도박이야'
'달러 투자로는 큰 수익을 얻을 수 없어'라는
낡은 생각들을 하나씩 바꾸고 선을 넘어야 합니다.

때로는 편법을 쓸
필요도 있다

"실패하면 반역, 성공하면 혁명 아닙니까?" 〈서울의 봄〉
이라는 영화에 등장한 유명한 대사입니다. 원인이 결과가
된다는 고정관념을 깨부수는 말이라고도 할 수 있는데, '성
공한 쿠데타는 혁명이 된다'라는 점에서 그렇습니다.

꼭 지켜야 한다고 여겨지는 '법'이라는 개념조차도, 이제
는 사라진 '간통죄'처럼 시대의 분위기와 흐름에 따라 불법
의 테두리에서 벗어나기도 합니다. 세금을 줄이는 행위도
탈세와 절세 사이를 아슬아슬하게 오가는 경우가 많습니다.
'선을 넘는 행위' 또한 탈법과 편법의 경계가 모호할 때가

있습니다.

저는 2000년도 이전, 지금은 불법이지만 당시로서는 합법, 아니 더 정확히 말하자면 '무법'이었던 상황에서 큰 이익을 취한 바 있습니다.

온라인 커뮤니티의 이용자를 늘리려는 목적으로 불특정 다수에게 스팸메일을 발송했는데, '스팸메일 발송 규제를 강화하는 정보 통신망 이용 촉진 및 정보 보호 등에 관한 법률'이라는 그동안 듣도 보도 못했던 법이 새롭게 만들어지기 이전이었습니다.

변명을 좀 보태자면, 인터넷 자체가 생소했던 당시에는 광고성 스팸메일 발송이 나쁜 짓이라는 것을 저는 물론이고 대다수의 사람들이 제대로 인식하지 못했던 시기였습니다.

참고로 이 사건은 '내 인생을 퀀텀점프하게 해준 세 가지 사건' 중 하나입니다. 나머지 두 사건은 '말 한마디로 건물주가 될 수 있었던 사건'과 '달러 투자를 시작하게 된 사건'입니다.

자백하건대 사건 당시 저 스스로도 '당당하고 옳은 행위'가 아님은 어렴풋이 알고 있었습니다. 한마디로 '실패하면 탈법, 성공하면 편법 아닙니까?'라는 생각으로 철없는 행동을 했던 것입니다.

　처음에는 '혹시나 문제가 되는 행위는 아닐까?' 하는 작은 의구심 정도만 생겼으나, 잘못된 행동이었음을 깨닫는데는 그리 오랜 시간이 걸리지 않았습니다. 막상 계획한 일을 실행하고 나니 심장 뛰는 소리가 들릴 만큼 한참 동안 가슴이 두근거렸던 것입니다.

　'죄 짓고는 못 살겠구나!'

　당시의 솔직한 제 심정은 그랬습니다. 덕분에 그 이후로는 착하게 살고자 노력하게 되었습니다. 스팸메일을 보내는 행위는 분명 다른 이에게 피해를 입히는 행위인 동시에, 나에게는 이익이 되는 행위였습니다.

　법의 테두리에서 벗어난 '편법'도 도덕적 잣대에서는 자유로울 수 없다는 사실도 알게 된 저는 문제를 일으키지 않는 '좋은 편법', 더 순화된 표현으로는 '변칙 플레이'에 해당된다면 선을 넘어도 될 뿐 아니라, 성공했을 때는 결코 평범하지 않은 이익을 취할 수 있음 또한 알게 되었습니다.

　'무쏘 스포츠'라는 이름으로 출시되었던 차가 있었습니다. '격리된 화물칸만 있으면 화물차로 인정해 준다'라는 법

조항을 이용해 원래 SUV였던 무쏘를 픽업트럭으로 만들어 판 것입니다.

화물차는 승용차보다 세제 혜택을 더 받을 수 있었기 때문에 연간 3만 원도 되지 않는 자동차세가 부과되었다고 합니다. 아주 작은 화물칸을 두는, 이른바 '성공하면 아이디어, 실패하면 꼼수'를 통해 소비자로부터 많은 인기를 얻었던 것입니다. 참고로 이때의 일로 지금은 모든 화물차가 격리된 적재 공간이 2제곱미터를 넘기도록 법이 개정되어 있다고 합니다.

'좋은 편법이 과연 존재하기는 하는가?'라는 의문이 생길 수도 있습니다. 하지만 법 자체가 불완전한 인간이 만들어내는 것이다 보니 허점이나 부조리한 측면이 있을 수밖에 없습니다. 그렇기에 이를 거스르는 편법이 오히려 '좋은 일'이 되는 경우도 생깁니다.

2003년에 폐지된 바 있는 '동성동본은 혼인을 할 수 없다는 법'을 거스르지 못하고 사랑하는 사람을 포기했던 사람들은 행복한 가정을 이루는 '좋은 일'도 누리지 못했을 것입니다.

나의 이익을 위해 편법을 저지르라는 말이 아닙니다. 악법도 법이며, 원칙에서 벗어난 변칙 플레이는 무조건 옳지 못하다는 유연하지 않은 사고와 오픈되지 않은 마인드를 버려야 한다는 말입니다.

투자의 세계에서도 투자 방법을 놓고 투자의 탈을 쓴 투기와 투기로 오인된 투자들이 복잡하게 혼재되어 있습니다.

"장기 투자를 해야 합니다."

"단기 트레이딩은 위험합니다."

"손절매를 잘해야 합니다."

"레버리지는 필수입니다."

"현금은 쓰레기입니다."

어느 한쪽을 맹신하고 그에 함몰되다 보면 다른 한쪽은 놓칠 수밖에 없고, 세상을 바라보는 시야도 좁아질 수밖에 없습니다.

> 그래서 결론은…
> **자본주의 정글에서 살아남으려면**
> **원칙 플레이도 하고 변칙 플레이도 해야 합니다.**

월세로
건물주가 되는 법

전세 제도는 전 세계에서 유일하게 우리나라에만 있는 부동산 주택 임차 계약 제도라고 합니다.

사실 계약은 당사자가 서로 합의하고 불법적인 요소만 없다면 그 내용이 어떠하든 성사되는 것이 당연합니다. 따라서 사회가 이미 정해놓은 전세 혹은 월세와 같은 형태뿐만 아니라 그 어떤 형태의 계약으로도 부동산 임차 계약은 이루어질 수 있습니다. 저는 이 생각으로 특이한 구조의 임대차 계약을 해 건물주가 되었습니다.

지금으로부터 10여 년 전, 한강으로 저녁 산책을 가던 길에 전체가 공실처럼 보이는 건물을 하나 발견했습니다. 그 건물을 보자마자 '어? 이 건물 괜찮은데 왜 공실이지? 이 건물 내가 사야겠는데?'라는 생각을 했습니다. 그러고는 얼마 후 건물주와 만나 가격을 흥정하기 시작했습니다.

60퍼센트에 가까운 대출이 끼어 있던 건물은 아직 세입자를 구하지 못해 임대수익도 전무한 상황이었습니다. 대출이자도 감당하지 못해 건물을 경매로 넘길 위기였던 건물주는 부동산도 거치지 않고 제 발로 찾아와 매수 의사를 밝힌 저를 반갑게 맞아주었습니다.

파는 사람은 아주 급한 상황이었고, 저는 안 사도 그만이었기 때문에 처음부터 협상의 칼자루는 제게 있었습니다. 그래서 건물주가 제시한 매도 희망가보다 한참 낮은 금액의 매수 희망가를 부르는 일이 가능했습니다. 결국 제가 원하는 가격으로 최종 매매가가 결정되었습니다. 건물주는 대출이자를 내지 못해 건물을 경매로 헐값에 넘기기보다는, 조금 손해를 보더라도 그동안 골칫덩이였던 건물을 깔끔하게 매도해 버리는 편이 낫다고 생각했을 것입니다.

매매가 협상이 끝난 후 저는 이렇게 얘기했습니다.

"그런데… 한 가지 문제가 있어요."

건물주는 머뭇거리며 말끝을 흐리는 저에게 이 건물을 팔아치울 수만 있다면 악마에게 영혼이라도 팔 수 있다는 표정을 지으며, 그 어떤 문제든 해결해 줄 용의가 있다는 듯 온화한 말투로 물어보았습니다. "무슨 문제요?"

저는 아주 당당하게 이렇게 말했습니다.

"제가… 돈이 없어요!"

건물주는 황당한 듯 아무 말 없이 한참 동안 저를 바라보다가 이렇게 물었습니다.

"도대체 그게 무슨 소리예요?"

저는 이미 혼이 반쯤 나가버린 건물주에게 미리 세워놓았던 계획을 하나하나 차근차근 설명하기 시작했습니다.

은행에 60퍼센트 정도의 건물 담보대출이 있는 상태였기 때문에, 해당 대출금을 그대로 승계하면 건물을 매입하는 데 필요한 나머지 자금은 40퍼센트 정도였습니다. 공실로 수입은 없는데 대출이자는 내야 하는 건물주의 위기 상황 덕분에 매매가를 10퍼센트 정도 낮추었으니 결국 매입에 필요한 나머지 자금은 30퍼센트 정도였습니다.

참고로 당시의 시대 상황은 경제부총리가 TV에까지 나와 "빚내서 집 사라"라는 말을 했을 정도로 부동산 경기가 바닥을 기던 때였고, 덕분에 건물의 매매가는 아주 저렴했습니다. 그럼에도 당시에 제가 살고 있었던 아파트의 전세금과 신용대출에 마이너스 통장까지 총동원하더라도 건물을 사는 데 필요한 30퍼센트에는 미치지 못했습니다.

건물 매입 자금을 더 만들어내기 위한 시간이 필요하다는 것을 알게 된 저는 새로운 형태의 계약을 제안해 보기로 했습니다. 위기에 처한 건물주가 거절하기 힘들도록 계획된 계약의 내용은 이랬습니다.

"계약일로부터 2년 안에 을(나)은 갑(건물주)의 건물을 매수할 수 있는 최우선의 권리를 갖는다."

지금 당장은 건물을 살 돈이 없지만 늦어도 2년 안에는 꼭 사겠다는 얘기입니다. 해당 계약에는 이미 협상을 끝낸 매매가도 정확히 명시해 두었는데, 사실 이것은 저에게 훨씬 더 유리한 조항이었습니다. 2년 안에 건물의 시세가 더 하락할 경우 안 사면 그만이었기 때문입니다.

하지만 집주인에게도 유리한 조항이 있었습니다.

"을(나)은 갑(건물주)의 건물을 매수하기 전까지 임차를 하고 월세를 지불하기로 한다."

건물주의 입장에서는 계약 즉시 건물을 통째로 임대하게 되는 셈인지라 대출이자를 내고도 오히려 약간의 수익이 발생하는 상황이었습니다. 그러니 매매 성사까지 기다리기 수월하리라 생각했을 것입니다. 저 역시도 당장 건물을 매수하면 대출이자를 내야 했기에 이 이자를 건물주에게 지급하나 은행에 지급하나 별 차이는 없었습니다.

결국 계약은 성사되었고, 저는 얼마 후 건물주가 될 수 있었습니다. 그리고 10여 년이 지난 2024년 현재, 건물의 가격은 그때보다 세 배 이상 올랐고 대출금은 '0원'입니다.

월세와 매매가 혼재된 특이한 구조의 이 계약 형태는 사실 우리 주위에서 흔히 이루어지고 있습니다.

정수기나 공기청정기를 렌털하는 경우, 고객은 2년 혹은 3년 정도의 계약 기간 동안 월세와 비슷하게 매월 렌털료를 지불하다가 계약이 만료되면 회사로부터 소유권을 이전받습니다. 자동차 리스나 장기 렌트의 경우에도 계약 기간 동안 월 이용료를 지불하다가 계약 종료 시점에서는 차량을 반납할지 아니면 인수할지 직접 결정하게 됩니다. 저는 정수기 렌털이나 자동차 리스를 할 때 이루어지는 계약의 형태를 건물을 매수하는 데 이용했던 것입니다.

월세 아니면 전세, 렌트 아니면 매매. 이렇게 이분법적인 사고에 얽매이지 않고 유연한 사고와 오픈 마인드로 전략을 세우고 실행한 것이 제가 월세로 건물주가 될 수 있었던 비결입니다.

'빚은 나쁜 것'이라는 고정관념에 얽매이지 않고 풀 레버리지로 건물을 살 수 있었던 것은 '인플레이션으로 인해 돈의 가치가 하락하게 되면 은행에 진 빚의 가치 역시 하락하게 된다'라는 유연한 사고 덕분이었습니다.

또한 '내 황당해 보일 수도 있는 제안에 화를 내면 어떡하지?'라는 걱정을 해소할 수 있었던 것은 '거절하기 힘든 유리한 제안이라면 수락할 수밖에 없을 거야'라는 오픈 마인드 덕분이었습니다.

> 그래서 결론은…
> **넓게 보고 다르게 생각하세요. 안 되는 일은 많지 않습니다.**

규칙을 조금만
다르게 해석한다면

옛날 옛적에 환전을 많이 하면 경품을 주는 이벤트가 있었습니다. 그래서 개인 블로그에 이런 글을 올렸습니다.

환차익을 목적으로 달러를 거래하면 불이익을 당할 수도 있다는 경고를 하는 곳도 있는가 하면⋯ 환차익을 목적으로 달러를 거래하면 경품을 주는 곳도 있습니다.

기업은행에서 환율 우대 95퍼센트 이벤트를 진행 중입니다.

저는 환전 금액 최다 고객에 포함될 자신이 있습니다. 저

뿐만이 아니라 '선을 넘는 투자법'을 알고 있는 분들에게는 당첨 가능성이 꽤 높은 이벤트가 아닐까 싶습니다.

엔화도 그 대상에 포함되어서 요즘 엔화를 사 모으고 있는 저에게는 아주 유용한 이벤트가 아닐 수 없습니다. 엔화 환전에 있어서는 아마도 현존하는 모든 환전 플랫폼들 중 가장 우대율이 좋을 듯합니다.

제가 원한 경품은 '환전 횟수 최다 고객'에게 주어지는 신라호텔 뷔페 식사권이었지만, 욕심에 눈이 멀어 환전을 너무 많이 해버린 나머지 '환전 금액 최다 고객'이 되어 호텔 식사권보다 훨씬 더 비싼 블루투스 스피커를 받을 수 있었습니다.

그러고 나서 블로그에 이런 글을 올렸습니다.

오늘은 기업은행에서 블루투스 스피커를 선물로 받았습니다. 뭔 스피커 가격이 40만 원이 넘나 하고 살짝 의심이 되어 한번 찾아보니… 맞는 것 같습니다.

돈이 남아도는 사람들은 이런 것도 막 사서 듣고 그러나 봅니다.

'도대체 어떤 소리가 나오길래 이렇게 비싼 걸까?' 하는 호기심이 생기기는 했지만 우리 집에는 도무지 어울리지 않는 물건이라는 생각이 들어… 미개봉 새 제품으로 곧바로 현금화했습니다.

제가 이 이벤트에 당첨될 수 있었던 이유는 '선을 넘은 성공 가능성 100퍼센트'의 게임이 가능했기 때문입니다.

동전 던지기 게임을 한다고 가정해 보겠습니다.

앞면이 나오면 100억 원을 얻게 되고, 뒷면이 나오면 100억 원을 잃게 되는 게임이라면… 과연… 도전하시겠습니까?

승률이 50퍼센트밖에 안 된다는 생각이 든다면 게임에 참여하지 않을 것이고 승률이 50퍼센트나 된다는 생각이 든다면 게임 참여를 고민해 볼 수도 있을 것입니다.

그런데 만약… 이 게임에 이런 조건이 달려 있다면 어떨까요?

동전을 던진 뒤에 앞면이든 뒷면이든 결과가 나오면… 그 결과를 확인하고 나서 베팅을 취소할 수 있다면?

이런 경우, 앞면이 나와서 이기는 상황이라면 당연히 베팅한 돈을 그냥 놔두고 100억 원을 취하면 될 것입니다. 하지만 뒷면이 나온다 하더라도 걱정할 필요가 없습니다. 베팅을 취소해도 된다는 조건에 따라 그냥 취소를 하면 잃을 일은 없을 테니까요.

만약 정말로 이런 100억 원이 걸린… 엄청난 조건의 도박이 존재한다면 베팅을 하지 않는 것이 오히려 바보일 것입니다.

그런데… 이런 믿기지 않는 일이 실제로 존재합니다.

달러 투자의 세계에서는 이런 말도 안 되는 일이 가능한 것입니다. 달러를 매수하고 나서 오르면 수익을 취하고 내리면 매수를 취소하는 게 실제로 가능하다는 얘기입니다.

눈치가 빠르면… 이런 말도 안 되는 '무위험 달러 투자'를 실제로 경험하게 되실 수도 있다는 얘기입니다.

당시에는 이렇게 '힌트'로만 알려드릴 수밖에 없었던 이야기를 이제는 할 수 있게 된 건, 지금은 불가능한 '옛날이야기'가 되었기 때문입니다. 하지만 선을 넘는 달러 투자가 무엇인지 궁금한 분들에게는 작게나마 이해에 도움이 될 이야기입니다.

이 시기에 저는 은행의 경품 이벤트와는 관계없이 매일

아침 8시 50분에 기업은행에서 달러를 '묻지도 따지지도 않고 무조건 풀 매수'했었습니다. 그리고 '계좌 출금'이 아닌 '무통장 입금'을 선택했습니다. 이렇게 하면 이런 안내 문구가 뜹니다.

환전 신청 후 30분 이내 가상계좌 미입금 시 환전 신청이 자동 취소됩니다.

저는 이 문구를 선을 넘는 유연한 사고와 오픈 마인드로 이렇게 해석했습니다.

'30분 동안 진행되는 게임에서 승리하면 수익을, 반대로 패하면 취소를 할 수 있는 거구나!'

달러 투자나 엔화 투자의 경험이 있다면 이미 알고 있겠지만, 오전 9시 외환시장 개장 직후에는 환율 변동성이 꽤 큰 편입니다. 이때 제가 하는 일은 아주 단순했습니다.

30분이 경과되는 9시 20분 이전에 환율이 오르면 무통장 입금을 통해 달러 매수를 성사시키고… 반대로 환율이 내리면 그냥 가만히 있었습니다.

환율이 오르면 승리를 통해 수익을 얻게 되고, 환율이 내리면 실패를 했지만 잃지는 않는, 아니, 절대로 잃을 수 없는 상황이 펼쳐지게 되는 것입니다. 이런 말도 안 되는 투자를 당시에는 매일매일 할 수 있었습니다.

그래서 결론은…
이 사례는 이젠 말할 수 있는 '선을 넘는 달러 투자'의
아주 간단한 사례 중 하나일 뿐입니다.

탈선이 아니라
탄선

일반적으로 '선을 넘는다'라는 말에는 이런 의미가 있습니다. '마땅히 지켜야 할 도리를 무너뜨리고 타인에게 피해를 입히며 지나치게 행동하는 것.'

하지만 제가 말하는 '선을 넘는다'의 의미는 이렇습니다. '어떤 정해진 규칙이나 기준이 불합리하거나 이익에 반하는 경우, 타인에게 피해가 되지 않는 범위 내에서 오픈 마인드와 유연한 사고로 대응하는 것.'

예를 들면 중학교 2학년 학생이 무단결석을 하거나 폭력으로 친구를 괴롭히는 행위는 전자에 해당될 가능성이 큽니다. 이를 우리는 흔히 '탈선'이라 말합니다. 하지만 학교에서 정한 중간고사보다 가족과의 여행이 더 중요하다는 가치 판단으로 미리 허락을 구하고 결석하는 것은 후자에 해당될 가능성이 큽니다. 저는 이를 탈선이라 생각하지 않습니다. 굳이 표현하자면 선을 탄력적으로 넘었으니 '탄선' 정도로 말할 수 있을 듯합니다.

'중간고사와 가족 여행 중 어느 것이 더 가치 있느냐'는 내가 아닌 그 누구도 대신 판단할 수 없습니다. 저는 중간고사보다는 가족 여행을, 그리고 선을 넘는 경험을 중요한 가치로 생각했을 뿐이고 이렇게 생각하고 행동하는 사람도 세상에 존재한다는 것을 보여주고자 할 뿐입니다. 가끔씩 이를 오해하여 '선을 넘는다'를 '기준과 기본을 무시해도 되거나 무시해야 한다'로 해석하는 '불편한' 분도 있는 듯해 덧붙이는 이야기입니다.

달러 투자 역시 기존의 고정관념과 상식을 벗어난 '선을 넘는 투자'가 가능하지만… 내리면 나누어 사고 오르면 나누어 파는 분할 매수, 분할 매도 투자 시스템, 즉 기본적이고 기준이 되는 방식의 투자 없이는 제대로 된 수익을 기대하기가 어렵습니다.

기본에 더한 선 넘기는 가능해도 기본이 없는 선 넘기는 바람직하지 않습니다. 평소에는 기준과 기본을 지키되 특별한 상황에서는 틀에 얽매인 사고와 한계를 벗어나 알을 깨뜨려야 세상 밖으로 나올 수 있다는 뜻입니다.

법이든 규칙이든 제도든, 그것이 무엇이든 간에 그 기준은 지금까지 계속해서 변해왔고 또 앞으로도 변해갈 것입니다. 기준을 지키려고만 하면 기준 안에서의 한계에 스스로 갇혀 지낼 수밖에 없지만, 기준 자체를 바꾸어버리면 기존에는 보지 못한 것을 보거나 새로운 세상을 경험할 수 있습니다.

저는 달러 투자는 장기 투자만 가능하다는 고정관념을 깨뜨리고 단기 트레이딩으로도 유의미하고 안정적인 수익을 얻을 수 있는 기준과 방법을 만들어 세상에 제시했습니다. 그리고 이를 통해 경제적 자유에 한 걸음 더 가까워진 분들을 수도 없이 목격했습니다.

누군가가 일방적으로 그어놓은 선을 아무런 생각 없이 지키려고만 하지 말고, 내가 새로운 기준과 선을 만들어낼 거라는 생각을 할 수 있어야 합니다.

휴대폰으로는 통화만 할 수 있다는 생각을 스마트폰으로 깨뜨린 스티브 잡스, 자동차에는 엔진과 가솔린이 있어야 한다는 생각을 모터와 전기 배터리로 깨뜨린 일론 머스크, 상식과 고정관념의 선을 넘지 않았다면 불가능했을 것입니다.

그래서 결론은…
선 안은 비좁고 불편합니다. 그러니 어서 밖으로 나오세요.

불가능한 일은
생각보다 많지 않다

이 세상에는 '가능한 일'과 '불가능한 일'이 존재합니다. 이를 잘 구분할 줄만 알아도 목표를 획기적으로 앞당겨 달성할 수 있습니다.

먼저 아무리 노력해도 안 되는 불가능한 일이 무엇인지 알아야 합니다. 중력을 거슬러 공중 부양을 한다든지… 물 위를 걷는다든지… 하루 종일 숨을 참는다든지… 이런 초자연적인 일들이 불가능한 일의 대표 주자라 할 수 있습니다.

그리고 이런 초자연적인 행위를 제외한 거의 모든 일은 가능한 일로 구분됩니다. 생각보다 그 구분이 간단해서 '이게 맞나?' 싶기도 할 것입니다.

이런 관점으로 세상을 바라보면 부정적이었던 마음이 긍정의 에너지로 채워지게 됩니다. 그동안은 불가능한 일이라고 생각해 시도조차 하지 않았지만 이제는 가능할 수도 있다는 생각이 들기 시작하는 것입니다.

경제적 자유를 찾아서 회사에 다니지 않고도 먹고사는 일은 초자연적이고 불가능한 일이 아니라 충분히 가능한 일입니다. 서울대에 합격하거나 삼성전자에 입사하는 일 또한 초자연적이고 불가능한 일이 아닌 충분히 가능한 일입니다.

달러 투자로 월 100만 원을 만드는 일은 말할 것도 없습니다. 박탈당했던 환전 수수료 우대율을 다시 95퍼센트로 바꾸는 일 따위는 앞서 언급한 일들과 비교하면 불가능이라는 말과는 한참 거리가 있어 보입니다.

그렇습니다.

인간이 정해놓은 법과 규칙, 제도와 관념을 인간이 바꿀 수도 있다는 건 어쩌면 당연한 일입니다. 아무리 노력해도 안 되는 일이란 초자연적인 일 외에는 없다고 생각해 보시기 바랍니다.

시도와 노력의 여부와 정도에 따라 목표의 100퍼센트를 이루게 될지, 90퍼센트 혹은 50퍼센트를 이루게 될지는 모릅니다. 그러나 불가능한 일이 아님을 알고 도전한다면 그 가능성은 그렇지 않을 때보다 훨씬 더 커질 것입니다.

안 되는 사람들은 안 되는 이유를 찾고, 되는 사람들은 되게 하는 방법을 찾습니다. 목표로 가는 길목을 가로막고 있는 것은 남이 아니라 나인 경우가 더 많다는 이야기입니다.

그래서 결론은…
당신에게 불가능한 일, 넘으면 안 되는 선은 없습니다.

결국 끈질긴 사람만이
살아남는다

글을 씁니다.

이 글을 책으로 출간하면 좋겠다는 생각이 듭니다. 글을 쓰는 목적 중 하나는 내 생각을 다른 사람들에게 전하는 것이기 때문입니다. 출판사들의 홈페이지에 들어가 '저자 모집'이나 '원고 접수' 같은 메뉴를 기웃거립니다.

"저자를 모십니다! 특별한 사람만 책을 쓸 수 있는 것은 아닙니다. 여러분의 지식과 경험, 새로운 아이디어를 기다립니다."

특별한 사람만 책을 쓸 수 있는 건 아니라는 말에 용기가 생겨 원고를 보내봅니다. 혹시 몰라 다른 출판사에도 그리고 또 다른 출판사에도 원고를 보내봅니다. 하지만 아무리 기다려도 아무 연락도 오지 않습니다. 그리고 결국 포기합니다. 원고는 더 이상 아무도 읽어주지 않는 PC 속 폴더 안에 영원히 갇혀버립니다.

제가 직접 겪은 일입니다. 지금은 말 그대로 옛날이야기가 되었습니다. 어찌어찌 운 좋게 출간한 책들이 베스트셀러가 되자 상황이 180도 바뀐 것입니다. 내 글을 책으로 만들어달라고 출판사에 부탁하는 게 아니라, 우리 출판사에서 책을 만들 수 있도록 글을 써달라는 요청을 받습니다.

하지만 '내 글이 책으로 만들어지면 얼마나 좋을까?' 싶었던 생각도 내 상황처럼 바뀌었습니다. 지금은 '책? 돈도 안 되는데 신경만 쓰이고 힘들기만 해'라는 생각이 듭니다. 한마디로 배가 부른 것입니다. 그래서 출판사로부터 출간 제안을 받으면 최대한 정중한 표현으로 '제가 이제 배가 불러서요'라는 마음을 담아 거절의 답장을 보내곤 했습니다. 그러면 상대방도 금세 알아차리고는 '네가 지금 배가 불렀구나' 하며 더 이상 연락을 하지 않았습니다.

그러던 중 한 출판사와 미팅 약속이 잡혔습니다.

지난해에 처음 연락을 해왔던 그는 '지금은 배가 불러도 혹시 나중에는 배가 고파지기도 하지 않겠냐'라는 식으로 계속해서 연락을 해왔습니다. 그 '끈질김'에 저는 결국 미팅에 응하게 된 것입니다.

그리고 출판사들에 기웃거렸던 그때, 배가 고파도 너무나도 고팠던 그때, 내가 무엇을 놓쳤는지를 알게 되었습니다.

'좋은 경험과 지식을 알려주셔서 감사합니다. 그런데 말씀하신 대로 해봤는데도 잘 안 되던데요?'라는 생각이 든다면 아마도 제가 놓쳤던 그것을 똑같이 놓치고 있을지도 모릅니다.

한 번 해봐서 안 되면 한 번 더 해보세요. 두 번 해봤는데도 안 되면 세 번 해보세요.

'끈질기게.'

그 끈질김 덕분에 만들어진 책이 바로 당신이 지금 읽고 있는 이 책입니다.

이 책을 통해 돈에 관한 생각, 일하는 자세, 인간관계, 투자의 실력과 세상을 보는 눈이 보다 발전하는 유익한 경험을 하게 되는 분도 있겠지만, 전혀 달라지지 않고 예전 그대로인 분들도 있을 것입니다. 제가 생각하는 이 둘의 차이는 '끈질김'에 있습니다.

다시 한번 말씀드리지만 해봤는데 안 되면 또 해보세요. 그래도 안 되면 한 번 더 해보시기 바랍니다. 끈질기게 노력하다 보면 결국 원하는 것을 얻어낼 수 있을 것입니다.

2025년 3월

박성현

부자의 시간은
어떻게 돈이 되는가

초판 1쇄 발행 2025년 3월 20일
초판 2쇄 발행 2025년 4월 7일

지은이 박성현
펴낸이 김선식

부사장 김은영
콘텐츠사업2본부장 박현미
책임편집 남궁은 **디자인** 마가림 **책임마케터** 오서영
콘텐츠사업5팀장 김현아 **콘텐츠사업5팀** 마가림, 남궁은, 최현지, 여소연
마케팅1팀 박태준, 권오권, 오서영, 문서희
미디어홍보본부장 정명찬 **브랜드홍보팀** 오수미, 서가을, 김은지, 이소영, 박장미, 박주현
채널홍보팀 김민정, 정세림, 고나연, 변승주, 홍수경
영상홍보팀 이수인, 염아라, 석찬미, 김혜원, 이지연
편집관리팀 조세현, 김호주, 백설희 **저작권팀** 성민경, 이슬, 윤제희
재무관리팀 하미선, 임혜정, 이슬기, 김주영, 오지수
인사총무팀 강미숙, 이정환, 김혜진, 황종원
제작관리팀 이소현, 김소영, 김진경, 이지우
물류관리팀 김형기, 김선진, 주정훈, 양문현, 채원석, 박재연, 이준희, 이민운

펴낸곳 다산북스 **출판등록** 2005년 12월 23일 제313-2005-00277호
주소 경기도 파주시 회동길 490 다산북스 파주사옥
전화 02-704-1724 **팩스** 02-703-2219 **이메일** dasanbooks@dasanbooks.com
홈페이지 www.dasan.group **블로그** blog.naver.com/dasan_books
용지 스마일몬스터 **인쇄** (주)상지사피앤비 **코팅·후가공** 제이오엘엔피 **제본** (주)상지사피앤비

ISBN 979-11-306-6505-4 (03320)

다산북스(DASANBOOKS)는 책에 관한 독자 여러분의 아이디어와 원고를 기쁜 마음으로 기다리고 있습니다.
출간을 원하는 분은 다산북스 홈페이지 '원고 투고' 항목에 출간 기획서와 원고 샘플 등을 보내주세요.
머뭇거리지 말고 문을 두드리세요.